Klaus Wagener

555 Dekoideen

mit Blumen und Pflanzen

BLOOM's by Ulmer

„Blumen sind das Lächeln der Erde."

(Emerson)

Wir haben für Sie, liebe Leser,

kleine und große blumige Dekorationen

zusammengestellt, die Ihnen an jedem Tag

ein Lächeln auf Ihr Gesicht zaubern. Lassen

Sie sich von Blumenfreuden für jede Gelegenheit

begeistern und inspirieren.

Das Leben ist doch schließlich zum

Glücklichsein erschaffen.

Inhalt

Blumen für den

Frühling

Jetzt soll es endlich Frühling werden! Nach dem langen Winter sehnen wir uns nach bunten Farben und frischen Blüten. Auch wenn es draußen noch kalt ist, gibt es in den Gärtnereien überall schon vorgetriebene Frühlingsblumen im Topf. Als Geschenkidee für den netten Kollegen, die Nachbarin oder einfach für sich selbst.

Verschenken Sie den Frühling

◄ Wer kann dem Charme dieser Frühlingsblüher schon widerstehen? Mit rosafarbenem Stoff und Filzband ummantelt, werden Bellis zu einer der zartesten Versuchungen.

► Klassiker im frechen Frühlings-Outfit. Dazu wird den kleinen Narzissentöpfen einfach ein mit Fransenband umwickelter Papp-ring übergestülpt.

► Aus Alt mach Neu. In einer Manschette aus Altpapier präsentiert sich die Primel von einer ganz neuen Seite.

▼ Da hat die Frühjahrsmüdigkeit keine Chance. Die Schale mit gelben Hornveilchen und bunter Moosgummiverkleidung ist ein echter Muntermacher.

Tulpenzeit

Sie sind die ersten, die uns im neuen Jahr mit ihren bunten Blüten und saftig grünen Blättern erfreuen. Als Vorboten des Frühlings bringen Tulpen die richtige Portion Frische ins Haus, die wir in der wintertrüben Zeit so sehr vermisst haben.

Ein Klassiker neu in Szene gesetzt

Ein üppiges Gesteck aus rund zwei Dutzend orangefarbenen Tulpen ist ein echtes Highlight und entfaltet gerade in den ersten Wochen des Jahres seine Wirkung in besonderer Weise.

Zwei Tulpen – und schon ist Frühling. Als Standhilfe dienen laminiertes Papier und ein mit Fransenband umwickeltes Drahtgestell. Die Tulpen werden einfach durchgesteckt.

Laminiertes Papier hält die Sträuße mit Filzband zusammen. Wer ein großes durchsichtiges Glasgefäß besitzt, stellt am besten gleich zwei der Tüten hinein. In einzelnen Vasen bietet die Laminierfolie eine dekorative Gefäßverlängerung.

Zum Verwechseln ähnlich. Diese Seidenblumen sind von den echten Tulpen kaum zu unterscheiden. Ein modernes Gesteck, das überall dort einen idealen Platz findet, wo frische Blumen nicht versorgt werden können.

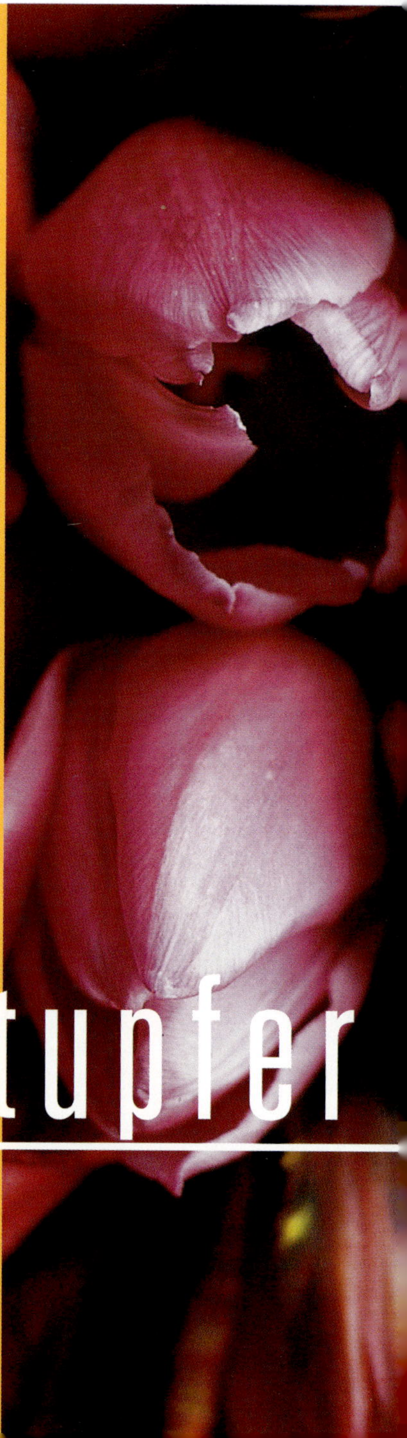

Die ersten Farbtupfer

Jedes Jahr aufs Neue bestechen sie uns mit ihrem faszinierenden Farbspektrum. Dabei lassen die Angebote der Blumenläden und Gartencenter kaum noch erahnen, dass Tulpen einst Objekte heißer Begierden waren. Züchter und Sammler trieben sie in den Ruin und solide Bürger verwandelten sie in Spekulanten. Aus der Türkei gelangten die Zwiebeln über Diplomaten und Kaufleute nach Europa, wo sie schnell zum begehrten Zuchtobjekt der Aristokraten und Gelehrten wurden.

Als Züchter begannen, ihre Schätze mit verführerischen Fantasienamen zu taufen und die Preise ins Unermessliche stiegen, brach ein wahres Tulpenfieber aus. Besonders im wohlhabenden Holland brachten Habgier und Wucher viele an den Bettelstab. Heutzutage sind Tulpen für jeden erschwinglich.

Und neben ihrer faszinierenden Vielfalt macht sie nicht zuletzt das Wissen um ihre wechselvolle und spannende Vergangenheit auch heute noch so attraktiv.

► Unter der Straußummantelung aus Blättern verschwinden unattraktive Gefäße problemlos.

▼ Im Ensemble machen die Tulpen auch als Topfpflanzen ein gute Figur.

► Ungewohnte Sichtweisen eines Klassikers: Schützend umgibt das Glas die Blumen und zeigt sie doch in ihrer ganzen Schönheit.

im Jahr

► Spiel mit den Farben: Tulpen Kopf an Kopf zu einem üppigen und leuchtenden Stehstrauß gebunden.

Sträuße
für die gute Laune

Der Frühling! Endlich ist er da! Er stillt unsere Sehnsucht nach Leichtigkeit und Farbe. Mit seinem Eintreffen hebt sich unsere Stimmung schlagartig. Mit seinen frischen Blüten weckt er Energien und setzt neue Kräfte in uns frei. Testen Sie's und verschenken Sie mit einem Frühlingsstrauß eine geballte Ladung guter Laune!

Da kommt Farbe in den Tag: Eine bunte Mischung mit allem, was der Frühling zu bieten hat.

Ausgelassene Frühlingsstimmung im Ginsternest. Dafür sorgen Ranunkeln, Freesien, Tulpen und Vergissmeinnicht.

Orange und Pink – die frischen Farben für die gute Laune. Den Anemonenstrauß mit Tulpen und Wachsblumen schmückt ein transparentes Streifenband.

Tulpen und Narzissen dürfen bei einem Frühlingsstrauß natürlich nicht fehlen! Dazu ein liebliches Blumenband.

Endlich Frische!

TIPP

Darauf sollten Sie beim Tulpen-Kauf achten:
Schnitttulpen kommen knospig in den Handel. Sie sollten aber bereits Farbe zeigen. Das heißt, beim Kauf sollte die spätere Farbe schon zu erkennen sein.

Die Tage werden wieder länger, doch noch ist der Winter nicht vorbei. Das trübe Schmuddelwetter drückt manchem aufs Gemüt. Ein gutes Mittel, um die Stimmung zu heben, sind frische, sonnige Farben in der Wohnung oder im Büro. Und wenn auch der Frühling noch auf sich warten lässt, in den Blumengeschäften und auf den Märkten hat er bereits Einzug gehalten. Dort wecken farbenfrohe Tulpen, Narzissen, Anemonen, Hyazinthen und vieles mehr die Vorfreude auf den Frühling und sorgen für gute Laune.

◄ Frühlingssinfonie in reinem Weiß. Tulpen, Narzissen und Flieder werden von gebleichtem Flachs umhüllt. Aufgefädelte Krokuszwiebeln wirken verspielt und zugleich erdverbunden.

▲ Sisal und Samtband schlängeln sich um diese Komposition in pastelligem Gelb. Erste Frühlingssonnenstrahlen scheinen auf dem Schnee zu liegen, aus dem Tulpen und Narzissen ihre Köpfe hervorstrecken.

▼ Sein rosa Band lässt diesmal der Frühling durch die Lüfte flattern. Pink- und orangefarbenen Tulpen, Ranunkeln und Rosen verleiht Schleierkraut die luftig-duftige Note.

▲ Der Frühling von seiner farbenfrohen Seite. Kräftige Orangetöne beleben den Strauß aus Tulpen, Ranunkeln und Narzissen. Einzelne Margeriten blitzen frech daraus hervor.

Wissenswert

In & Out

+ IN

Orchideen – Früher galten sie als unerschwinglich. Heute können sich dank verbesserter Kulturmethoden auch weniger Betuchte solche pflanzlichen Kostbarkeiten leisten.

Nelke im Knopfloch – Der Promi-Schneider Brioni macht es vor: Die Nelke kleidet wieder den Gentleman.

− OUT

Blumen im Papier – Wer Knigge studiert hatte, befreite Sträuße vorm Überreichen vom lästigen Papier. Heute haben sie gleich eine dekorative Manschette, die dranbleiben kann.

Duftbäumchen im Auto – Nur was für Spießer! Insider nehmen für guten Duft bei der Fahrt Blütenpotpourris in einem kleinen Duftkissen.

Frühlings

Prächtige Sträuße in strahlendem Gelb

MIT BLATTMANSCHETTE

Getrennt und neu zusammengefügt: Tulpen und ihre Blätter als originelle Manschettensträuße.

MIT STEHVERMÖGEN

Parallel angelegte Zweige und Narzissenstiele verleihen sich gegenseitig Stand und entfalten so ihre pure Wirkung in einer flachen Schale.

IM BÜNDEL

Ungewohnte Sichtweise: Zweige in gebündelter Form geben den langstieligen Freesien den nötigen Halt.

träume

DIE MISCHUNG MACHT'S

Kombination in Gelb-Weiß: Narzissen und Tulpen im Zusammenspiel mit zarten Frühlingszweigen.

IM SCHALENKRAGEN

Außen trocken, innen vital. Eine Manschette aus Zwiebelschalen umgibt die pralle Blütenfülle aus verschiedenen Narzissen.

Wissenswert Tipp

Fehlt Ihnen noch eine kleine nette Geschenkidee für die nächste Einladung zum Kaffeetrinken bei der Freundin? Wie wäre es da mit einem Topf voll Frühlingsblumen? Die individuelle Note bekommt das Präsent durch eine originelle Feder-Ummantelung. Dafür den bepflanzten Topf mit beidseitig klebender Folie beziehen und die Federn in gewünschter Farbe (aus dem Bastelgeschäft) aufkleben.

◄ Weiße Narzissen mit himmelblauen Vergissmeinnicht. Eine zarte Mischung für romantische Momente im Frühling. Eine natürliche Ummantelung aus Moos kaschiert unschöne Töpfe.

◄ Muscari werden von weißen Narzissen umspielt. Der dezenten Blütenkombination in Blau-Weiß verleihen bunte Bänder und eine leuchtende Stoffmanschette in Pink den richtigen Schwung.

Blütenspaß im Topf

Nicht nur als Strauß oder Topfpflanze, auch im bunten Miteinander zu einem farbenfrohen Gesteck kombiniert, machen die Frühlingsblumen eine gute Figur. Ein kleines „Who is Who“ der Frühlingsblüten.

Links: Ein buntes Blütenallerlei aus gesteckten, zum Teil mehrfarbigen Tulpen wirkt aufs Gemüt wie Sonnenstrahlen pur. Gelbe Skelettblätter sind ein heiterer Akzent und verkleiden den Topf.

Mitte: Ranunkeln und Traubenhyazinthen sprühen voller Frühlingsenergie inmitten von frischem, jungem Grün. Ein Blütentopf, der garantiert zum Lieblingsstück wird.

Rechts: Weiß-grüner Mix aus Mini-Stiefmütterchen, Narzissen und Schneeball. Der Clou ist ein Netz aus breiten Gräsern, das sich über die Blüten legt.

Who is who der Blumen

1 **Hyazinthen bestechen in Rosa, Blau und Weiß mit einem umwerfenden Duft.**

2 **Tulpen gehören zu den ersten, die in den Blumengeschäften vom Frühling künden.**

3 **Ihre kugeligen Blütenköpfe machen Ranunkeln einfach unwiderstehlich.**

4 **In zartem Blau, gefüllt oder ungefüllt, verbreiten Muscari ihren Charme.**

5 **Die kleinblütigen Narzissen sind nicht nur zu Ostern ein Klassiker.**

1

2

3

4

5

Ganz schön in Schale!

Pflanzungen sind nicht nur was für große Balkonkästen. Auch in kleinen Schalen kommen die Frühlingsblüher jetzt groß heraus.

Revival der Siebziger
In der knallorangen Schale hat sich eine bunte Blütenmischung zusammengefunden.

Warme Frühlingssonne
Narzisse, Ranunkel, Vergissmeinnicht & Co. bringen in der frisch-grünen Schale die ersten Sonnenstrahlen ins Haus.

Gute-Laune-Mischung
Alles, was der Frühling an Farbe bietet, hat sich hier zum blütenreichen Tête-à-Tête versammelt.

Elegante Zurückhaltung
Silberblatt, weiße Ranunkel und zart blaues Vergissmeinnicht in einer asiatisch anmutenden Schale mit Krakelee-Effekt.

Blüten-singles

Die ersten Frühlingstage machen Lust auf herrlichen Blumenduft und verführerische Farben. Und schon mit ein paar Blüten und kleinen Gestaltungstricks können Sie sich diesen Wunsch erfüllen. Garantiert unkompliziert und ganz leicht nachzumachen!

Hyazinthen bringen den richtigen Schwung ins Blüten-Tête-à-Tête. Auf Band gefädelte Perlen schmücken die langen Stiele und machen die betörend duftenden Frühlingsblumen noch unwiderstehlicher.

Silberdraht verleiht selbst einzelnen Blüten einen Hauch von Raffinesse. Mal direkt unter dem Rosenblütenkopf befestigt, mal als feine Manschette für ein *Muscari*-Sträußchen oder eine einzelne Gerbera.

So geht's

Wissenswert

Gefäßauswahl: Nur Mut! Verwenden Sie ruhig auch für einzelne Blüten Gefäße, die eigentlich zu groß erscheinen. Das macht das Arrangement optisch interessanter. Wenn nötig, kann ein Geflecht aus Draht oder Wäscheleine den Blüten in der Vase Halt geben.

Welche Blumen sind geeignet? Sofern die Blütenstängel eine ausreichende Länge haben, können fast alle Blumen einzeln in Vasen arrangiert werden. Sollte eine Blume alleine nicht genug hermachen, kann sie mit entsprechenden Accessoires geschmückt werden. Im Frühling sind Tulpen, Narzissen, Ranunkeln und Hyazinthen die schönsten Blütengefährten.

Einfache Veredelung von einzelnen Rosen: Kokett lugt eine der Blüten aus ihrem festgesteckten Blattmantel hervor. Gräser und Drahtumwindungen zieren die Stiele der drei anderen Mitspieler.

Kleine Blüten, die dennoch alle Blicke auf sich ziehen. Den nötigen Halt und ausreichend Feuchtigkeit bekommen die Traubenhyazinthen durch Steckschaumkugeln, die mit Blättern und Blüten verziert sind.

VITAL UND KNACKIG

Sie sind nicht nur gesund, sie sehen auch schön aus. Immer mehr avancieren Kräuter vom reinen Geschmacksverbesserer und Vitaminspender zur dekorativen Augenweide. Warum also nicht einmal Kräuter verschenken? Jetzt im Frühling bringen sie neben Frische und Gesundheit auch noch jede Menge Freude, wenn man damit beschenkt wird. Also viel Spaß beim Kräuterschenken. Hier sind die Ideen!

◄ Mit dieser Tischdekoration sind die frischen Kräuter immer zur Hand. Ein Korb dient als dekoratives Pflanzgefäß für eine gesunde Mischung aus Petersilie, Schnittlauch und Basilikum.

▼ Grüne Übertöpfe lassen die Kräuter noch appetitlicher wirken. Verwenden Sie wasserdichte Gefäße. Darin können nicht nur Topfpflanzen, sondern auch Kräutersträußchen ihren Fensterplatz einnehmen.

▲ Mit Tee gefärbt und auf einem Schnittlauchbett serviert. Für das schlichte, aber raffinierte Muster werden hart gekochte Eier zur Hälfte in schwarzen oder grünen Teesud gelegt. Je länger sie darin verbleiben, desto intensiver die Zeichnung.

◄ Eierbecher im Kräutergewand. Ein dickes Bund Schnittlauch wird dafür oben und unten bündig geschnitten und mit Gummiband zusammengefasst.

Wissenswert

So geht's

Sie sind zum italienischen Abend eingeladen und Ihnen fehlt noch eine nette Aufmerksamkeit für die Gastgeber? Kein Problem. Ein mediterranes Kräuterpaket ist hier die passende Lösung. Setzen Sie einen großen Topf Kräuter, zum Beispiel Basilikum, in eine dekorative Papiertüte und schenken Sie die Packung Pasta gleich mit. Ein kleines Schild mit entsprechender Beschriftung oder einer Rezeptidee lässt sich leicht daran befestigen.

Ein Korb voll Frühling

Mit kleinen, bepflanzten Körben können Sie sich den Frühling direkt ins Haus holen. Und wer das blühende Vergnügen noch verlängern möchte, arrangiert die bunten Körbchen auf Terrasse oder Balkon und genießt ihren Anblick vom warmen Wohnzimmer aus.

◄ Ein fröhliches Frühlingsensemble: *Muscari* und Stiefmütterchen im Natur-Look-Körbchen.

► Ein Zinktopf mit selbst geformtem Drahthenkel wird zum „Korb" für die Primel.

▼ Ganz schön frech schauen die Margeriten aus ihren bunten Tragetaschen hervor.

▲ In Häkeloptik mit Papierblüte wird das Usambaraveilchen zum Hingucker.

▼ Zum Davontragen und Verschenken: weiß-blaue Kombination für Romantiker.

Wissenswert

Tipp

Ein Mitbringsel, das sofort den Frühling ins Haus oder auf Balkon und Terasse zaubert. Der Korb mit Stiefmütterchen, Primeln und Vergissmeinnicht lässt sich zu allen Gelegenheiten im Frühling verschenken. Er vertreibt jede noch so trübe Stimmung. Einen Korb zu bekommen, kann so schön sein – es kommt eben auf den Inhalt an.

BLAU

Sie ist die Farbe des Himmels und des Meeres. Nach einer längeren Auszeit kommt Blau jetzt wieder ganz groß raus. Egal ob Mode, Möbel, Accessoires oder Blumen – alles zeigt sich jetzt in Blau. Wer beim Comeback dabei sein möchte, mischt kühles Türkisblau mit kräftigem Dunkelblau, wässrige Blautöne mit pastelligem Lila oder Violett. Nur Mut! Es ist Frühling und die blaue Brise einfach angesagt.

Weiße Federn und hellblaue Muscari: eine zarte Verbindung für blaue Stunden.

Harmonie von Blüten und Accessoires. Als Strauß oder Gesteck ein ideales Frühlingsgeschenk.

Wissens wert Tipp

Einzelnen Blüten fehlt in größeren Vasen oft der richtige Stand. Eine simple Wäscheleine sorgt auf originelle Weise für Abhilfe. Die Leine wird in Schlingen oder lockeren Häkelmaschen auf den Vasenboden gelegt und die Blüten einfach eingestellt. Eine Technik, die sich sehen lassen kann. Wählen Sie daher am besten ein durchsichtiges Gefäß und passend zum Frühjahrs-trend natürlich eine Wäscheleine in Blau.

Traumhafte Frühlingstische

Steht bei Ihnen demnächst eine Feier ins Haus? Dann bringen Sie neben einem guten Essen doch auch mal die Leichtigkeit dieser einmaligen Jahreszeit auf den Tisch. Wie wär's zum Beispiel mit kleinen Traubenhyazinthen in bunten Töpfen?

▲Eine Gelkerze wird hier mit einem grünen Kränzchen zum Platzanweiser. Ideal die Kombination der blauen *Muscari*-Blüten mit einem farblich passenden Service.

► Schwimmkerzen und Schneeballblüten künden hier vom Frühling. Beschriftetes, einlaminiertes Reispapier bildet einen dekorativen Rahmen.

►► Einfach und besonders wirkungsvoll: verschiedene blaublütige Zwiebelblumen in einem schlichten Glasgefäß zusammenstellen. Nicht vergessen, den Boden der Vase regelmäßig mit Wasser zu bedecken.

► Einfach zu zaubern, aber besonders edel in der Wirkung: Die Traubenhyazinthen werden in hohe, schmale Gläser gesetzt und in einer langen Reihe arrangiert. Das hat Fernwirkung. Wichtig ist nur, die Zwiebel vorher gründlich zu waschen.

▲▼ Dekorative Platzanweiser: Einzelne *Muscari*-Stängel zieren die Servietten – mal mit einem Kränzchen aus Lavendelblüten und mal mit einem aus Zwiebeln.

Fein gemacht im FEDERKOSTÜM

Jetzt ist ihre Zeit gekommen. Topf an Topf stehen sie eng aneinandergereiht in Blumengeschäften und Gärtnereien. Das Angebot an Frühjahrsblühern ist riesig. Und wenn es mal etwas origineller sein soll, dann kommen die Töpfe im Federkleid gerade richtig. Da wird selbst das kleinste Pflänzchen zum besonders liebevollen Mitbringsel.

TRAUBENHYAZINTHEN IM SCHAL

Mit einem Federschal um den Topf sind diese Traubenhyazinthen eingehüllt. Zusammengepflanzt mit Primeln und niedrigen Tulpen ergeben sie ein liebliches Frühlingsensemble in Blau-Weiß.

NARZISSEN MIT KRAGEN

Mit gelben „Tête-à-Tête"-Narzissen bringen Sie Frühlingsstimmung in jede Wohnung. Ein brauner Federkragen verschafft der gewöhnlichen Topfpflanze den großen Showeffekt.

BELLIS IM MANTEL

Wie ein wärmender Mantel umgeben weiße Bettfedern den Topf der kleinen Bellis. Um die weißen Blütenköpfe schlingen sich zusätzlich eingesteckte *Muehlenbeckia*-Ranken.

MUSCARI IN GLITZERROBE

So kommt ein Schwamm aus silbriger Stahlwolle zu ganz besonderen Ehren. Er dient den Traubenhyazinthen als Nest. Damit das kratzige Material nicht zu hart wirkt, dienen Federn als Weichmacher.

NARZISSEN IM NATURLOOK

Ein schönes Paar: Sisal und Federn – da hat sich die Narzisse besonders gerne ins Nest gesetzt.

KROKUS IM FEDERGEWAND

Ungewohnte Umgebung für den Krokus. Das getupfte Federkostüm bildet einen attraktiven Kontrast zum Dunkellila seiner Blüten.

VEILCHEN perfekt

Draußen wie drinnen künden Veilchen vom Frühling. Doch das wilde Duftveilchen *Viola odorata* hat botanisch nichts mit seinen Namensvettern dem Alpenveilchen *Cyclamen persicum* oder gar dem Usambaraveilchen *Saintpaulia ionantha* zu tun. Jetzt angesagt: Mehrere Pflanzen zusammengestellt. Da kommt Farbe rüber!

AlpenVEILCHEN: Singles sind out, es lebe das Miteinander! Das gilt für die Alpenveilchen, die zu mehreren Pflanzen zusammengestellt gleich nochmal so auffällig wirken. Entweder einige Töpfe in Reihe oder zusammen in einer Schale.

in Szene gesetzt

UsambaraVEILCHEN: Eine einzelne Pflanze verliert sich im Raum. In eine breite Schale gleich mit sechs Töpfchen zusammengebracht, sind sie ein farbenfroher Hingucker. Mal mit Peddigrohrumschlingung, mal von Zweigen des Hartriegel umgeben, das peppt die eifrigen Blüher auf.

let's have FUN

Das Motto der Young Generation gilt auch für Blumen. Unkompliziert und frech ist der neue Style der Blüten, die sich in völlig neuem Outfit präsentieren.

Flower bags. Der fröhliche Blütenmix in Flaschen kann in der Tasche einfach zur Party mitgenommen werden.

Blütencocktails. Spritzige Pflanzenmischung aus Glockenblumen und *Selaginella* sind im geringelten Pappbecher und Trinkhalm der neuste Partyhit.

Topfblüher. Der bunte Papierkragen wird aus verschiedenfarbigem Tonpapier ausgeschnitten. Die Kreise übereinanderlegen, mittig leicht knicken und eine halbkreisförmige Öffnung ausschneiden. Alle zusammen vorsichtig über die Pflanze stülpen. Wer will, kann zusätzlich kleine Filzblüten ausschneiden und mit Perlen und Draht im Topf befestigen.

Zum Anbeißen! Törtchen aus buntem Steckschaum und einzelnen Blüten für die Blumenpause zwischendurch.

Dosenblüten. Statt Suppe kommen hier die Margeriten aus der Konserve. Vom Etikett befreit und mit bunter Folie beklebt werden sie zum fröhlichen Eyecatcher.

Sweeties. Wohin mit lauter einzelnen Blumen? In Smartiesrollen und Orchideenröhrchen kommen sie zu neuen Ehren.

FRÜHLINGS ERWACHEN

Eine Frühlingskomposition, die mit der Sonne um die Wette strahlt: "Tête-à-Tête"-Narzissen und großblütige Stiefmütterchen – beide in leuchtendem Gelb.

Drei Freunde: Das Stiefmütterchen-Ensemble in schlichten, würfelförmigen Terrakottagefäßen besticht durch Wiederholung. Nur die Blütenfarbe wechselt in verschiedene Töne.

Pflanzen Sie Frühlingsblumen wie Primeln oder Narzissen am besten tuffartig zusammen, dann wirkt's besonders üppig!

Auch Tulpen, besonders die niedrigeren Sorten, eignen sich wunderbar, um mit anderen Frühlingsblühern zusammen in einen Topf gepflanzt zu werden.

Lichtblicke

auf Balkon und Fenstersims

Ist alles noch etwas trist und wintermüde vor dem Fenster, auf dem Sims und auf dem Balkon? Dann muss jetzt Farbe her, und die Stimmung kommt gleich mit!

Das geht ganz einfach! Primeln in allen Farben, duftende Hyazinthen, Stiefmütterchen und die ersten blühenden Polsterstauden sind frühzeitig erhältlich. Mit ihnen lassen sich die Balkonkästen und Schalen stimmungsvoll bepflanzen. Alte Erde herausholen, eventuell die Kästen außen von Moos und Flechten reinigen, frische Erde einfüllen und die vorgetriebenen Pflanzen einsetzen. Gut angießen, fertig! Wichtig ist, dass bei Frostnächten die bepflanzten Gefäße geschützt werden. Vorsichtig einen Sack, eine Decke oder Luftpolsterfolie darüber decken und am nächsten Morgen wieder abnehmen.

Der neue farbenfrische Look für draußen

▼ So lange es draußen noch friert, sollte man nur Gefäße bepflanzen, die bei Bedarf ins Warme getragen werden können. Taschen aus Kunststoff sind dafür gut geeignet und setzen zusätzlich Farbakzente.

▲ Eine bunte Mischung aus Primeln, Ranunkeln, Bellis und vielem mehr kommt in bunten Töpfen prima zur Geltung. Dafür wird ein altes Gefäß in Serviettentechnik beklebt und für die bessere Wetterfestigkeit mit Bootslack eingestrichen.

◀ Besonders schön wirken die bunten Frühlingsblumen, wenn sie in unterschiedlich hohen Gefäßen zu einer Gruppe zusammengestellt werden. Dabei die Töpfe immer so positionieren, dass auch die kleinen von drinnen noch gut sichtbar sind.

Frühjahrsputz

mit Sonnenfarben

Die ersten Frühjahrsblüher strecken mutig ihre Blütenköpfe aus der Erde. Wer seiner Terrasse jetzt eine bunte Frühlingsnote verleihen möchte, muss der Natur allerdings mit vorgetriebenen Blumen etwas auf die Sprünge helfen.

◄ Ausgediente Konservendosen werden von ihren Etiketten befreit und mit bunter Folie beklebt zu originellen Pflanzgefäßen. Am besten in den Boden der Gefäße ein paar Löcher stechen, damit Regen- und Gießwasser besser ablaufen können.

▲ Wie schön ist es doch, die ersten Sonnenstrahlen auf der fröhlichen Blütenpracht aus dem warmen Zimmer zu betrachten. Daher sollten die kleine Töpfe so platziert werden, dass sie von innen gut sichtbar sind.

Frischer Anstrich der Gefäße und farbenfrohe Bepflanzung. So erhalten Balkon und Terrasse das neue Frühlings-Outfit.

JETZT GEHT'S LOS:

Farbpower

für Terrasse & Balkon

Manchmal ist es gar nicht schwer, aus Altem etwas Neues zu zaubern. Mit etwas Fantasie, guter Farbe und mutigen Ideen zeigen sich Gefäße aus dem alten Jahr in neuer Frabenpracht!

Kräftige Farben von Krokus, Stiefmütterchen und Primel werden von leichtem Zartgelb der Narzisse oder dem Weiß der Bellis gemildert.

Wissens wert
Tipp

Streichen Sie Ihre alten Gefäße in den neuen Frühlingsfarben: Himmelblau oder Rosarot. Verwenden Sie dauerhafte Latexfarben. Am besten anschließend zusätzlich mit Lack gegen Wind und Wetter fixieren.

Narzisse, Mehlprimel, Stiefmütterchen, Ranunkel und Bellis. Von Purpur, über Violett bis Gelb und Blau. Ein fröhliches, leichtes Farbspiel wie ein zartes Frühlingslüftchen.

Zarte Romanze

in Rosé

Wer's lieber etwas romantischer und weniger knallig mag, kann dies auch mit Frühlingsblühern realisieren. Ein alter Korb, Schalen und Töpfe – alles kann hier verwendet werden und sich zu einem nostalgischen Sammelsurium zusammenfinden. Dazu Pflanzen in lieblichem Rosa, und die Frühlingsromanze auf Ihrem Balkon ist perfekt.

TIPP

Eingeladen im Frühjahr? Frühlingsblumen im Topf sind ein unkompliziertes und dabei äußerst dekoratives Mitbringsel. Einfach mehrere Pflanztöpfchen einer Sorte in eine alte Obstkiste stellen, Schleife drum und fertig!

◄ Hier haben sich die klassischen Frühlingsblüher Ranunkel, Maßliebchen, Primel und Stiefmütterchen zum Frühjahrstreffen in einem alten Holzkorb versammelt.

► Zartrosa Stillleben aus Schachbrettblume, Maßliebchen und duftenden Hyazinthen. Eine flache Schale bietet die passenden Rahmen.

◄ Nicht nur die Blumen, selbst die Pflanzschale ist hier ganz in Rosa gehalten. Wer kein entsprechendes Gefäß hat, greift einfach zu Pinsel und Farbe.

Wissenswert Tipp

Haben Sie im Winter versäumt, Hyazinthenzwiebeln auf Gläsern anzutreiben? Kein Problem! Auch Nachzügler können das Wachsen der duftenden Blütenpracht noch auf der Fensterbank verfolgen. Dazu einfach die Wurzeln der Hyazinthen vorsichtig auswaschen und die Zwiebeln auf die mit Wasser gefüllten Gläser setzen. Doch aufgepasst: Die Zwiebeln dürfen nicht im Nassen sitzen, sonst beginnen sie schnell zu faulen.

EDEL & **STARK**

Die neuen Blütenfarbtöne für draußen

Sinnlich violette Hyazinthen gehen mit Stiefmütterchen in unterschiedlichen Farbnuancen eine vollendete Verbindung ein. Passend dazu: helle Keramikgefäße mit künstlichen Alterungsspuren.

Bei den ersten Blühern der Saison sind neben klassischen und bunten Farben jetzt mehr und mehr dezentere Töne gefragt. In sanftem und sinnlichem Kolorit fügen sie sich zu einem feinen, harmonischen Blütenmix. Sie präsentieren sich edel und zurückhaltend und sind vielleicht gerade deswegen eine besonders starke Kombination.

Stiefmütterchen (*Viola*)

Akelei (*Aquilegia*)

Ranunkel (*Ranunculus*)

Primel (*Primula*)

Harmonisches Blütenspiel unter Hochstämmchen. Ein dezenter Hingucker aus Tulpen, Hyazinthen, Stiefmütterchen, Ranunkeln und Bellis, bei dem ein zweiter Blick auf jeden Fall lohnt.

Zwei gleiche Gefäße spannungsreich bepflanzt. Mal Stiefmütterchen pur in changierenden Tönen von Apricot über Rosé bis Bordeaux, mal ein Mix aus verschiedenen Frühlingsblühern.

TIPP: SO GELINGT DIE RICHTIGE KOMBINATION

Wählen Sie für den aktuellen Blüten-Look in sanften Tönen überwiegend gebrochene Farben. Kein grelles Pink, sondern lieber Rosé, statt kräftigem Sonnengelb lieber Pastellgelb, und bevorzugen Sie Bordeaux statt eines knalligen Rottones. Fast alle Frühlingsblüher sind in diesen Farben erhältlich. Besonders passend sind mehrfarbige Blüten z. B. von Stiefmütterchen, Primel und Ranunkel.

Zum Start in die Saison

Traum in Himmelblau

Frühlingsfrische Pflanzideen in der Farbe des Himmels machen Lust, die ersten Sonnenstrahlen auf Balkon und Terrasse zu genießen. Schauen Sie selbst und probieren Sie's aus.

Zwerg-Iris *(Iris reticulata)*

Primel *(Primula acaulis)*

Stiefmütterchen *(Viola wittrockiana)*

► Mini-Iris sind ein ganz besonderer Hingucker auf jeder Frühlingsterrasse und haben daher auch einen exponierten Platz verdient. Wer sie im Herbst noch nicht gepflanzt hat, kann jetzt noch vorgetriebene Zwiebeln in Schalen setzen.

TIPP • TIPP • TIPP

Gefäße können die frische, frühlingshafte Ausstrahlung zusätzlich stützen. Am besten eignen sich blaue Töpfe. Aber auch graue Steingefäße oder Töpfe aus Zink können edel aussehen, sind neutraler und lassen sich daher für spätere Bepflanzungen in einer anderen Farbigkeit wieder verwenden.

◄ Mal mono, mal in einer Mischung unterschiedlicher Blüten mit Gräsern und Grün bepflanzt: Das Stiefmütterchen bringt Farbe ins Spiel. Als Begleiter eignen sich blaue Primeln, *Muscari* oder Hyazinthen, sowie weiße Blütenpflanzen, die die Frühlingssonne besonders schön reflektieren.

Valentinstag

Der Tag der Liebenden

14. Februar

Ein blumiges Präsent an diesem Tag ist eine eindeutige Botschaft. Und wenn dann noch Herzen und Rosen mit im Spiel sind, werden Amors Pfeile ihr Ziel nicht verfehlen. Allerdings: Ein Nullachtfünfzehn-Strauß sollte es nicht sein. Ein bisschen Witz, Fantasie und die persönliche Note sind dabei gefragt. So unterschiedlich emotional der Anlass, so individuell kann auch der Blumengruß ausfallen.

Herzige Valentinsideen

KATJA AN ANDREAS

„Rote Rosen für meinen Prinzen, damit er weiß, wie sehr ich ihn liebe.“

STEFAN AN BIRGIT

„Ein Herz voller Blüten für meine Birgit. Denn ihre Liebe lässt mein Herz überlaufen vor Glück.“

JAN AN MARTINA

„Ein Blütenherz auf dem Frühstücksteller. Für ein kuscheliges Frühstück im Bett mit meiner Süßen genau die richtige Überraschung.“

CLAUDIA AN THOMAS

„Für meinen Herzallerliebsten. Denn auch nach fünf Jahren liebe ich ihn wie am allerersten Tag.“

Herzige Grüße

nicht nur für Verliebte

14.02.

Zwar gilt der Valentinstag gemeinhin als der Tag der Verliebten. Doch auch die hilfsbereite Kollegin oder die beste Freundin freuen sich zu diesem Anlass über eine kleine blumige Überraschung. Warum also nicht auch anderen lieben Menschen an diesem Datum eine kleine Freude bereiten? Valentin hätte bestimmt nichts dagegen. Ihm zu Ehren wird der Valentinstag schließlich auch heute noch gefeiert. Der Legende nach soll er im 3. Jahrhundert n. Chr. gegen das Verbot des römischen Kaisers christliche Eheschließungen vorgenommen haben. Ein Vergehen, das Valentin mit seinem Leben bezahlen musste. Am 14. Februar des Jahres 269 ließ Kaiser Claudius den glaubensfesten Prediger öffentlich hinrichten. Ein trauriger Anlass also, der dem Valentinstag seinen Namen gibt. Andererseits aber auch eine besondere Ehre, dass dem mutigen Handeln des Geistlichen auch nach Jahrhunderten noch gedacht wird.

1

3

4

2

1. Eine liebevoll-herzliche Überraschung schon am Frühstückstisch. Da fängt der Tag gut an.
2. Mit jugendlichem Pep: Eine herzige Kunststoff-manschette umhüllt den Rosenstrauß.
3. Klein und fein der rote Rosen-Strauß, in dem jede Menge Herz mitschwingt.
4. Keine Frage: Herz ist Trumpf! Und bei diesem Blüten gefüllten Exemplar kann niemand widerstehen.
5. Erlesene Blüten und ein rotes Filzherz machen aus der neuen Liebe kein Geheimnis mehr.

5

EIN HOCH AUF DIE LIEBE

Traut sich da etwa einer nicht? Doch die roten Rosen verraten auch den zurückhaltenden Verehrer.

Wann haben Sie Ihrem langjährigen Lebenspartner zuletzt gesagt, wie sehr Sie ihn mögen? Oder haben Sie eine Angebetete, die vielleicht noch gar nichts von Ihrer Zuneigung ahnt? Dann ist der Valentinstag eine wunderbare Gelegenheit für eine romantische Liebeserklärung. Hier sind die Blumenpräsente, mit denen Sie jedes Herz im Sturm erobern.

Wenn das nicht eindeutig ist! Ein Rosenherz sagt mehr als tausend Worte.

Welche Herzdame darf sich über dieses Präsent freuen? Und wie sieht wohl der Bube dazu aus?

Herz ist Trumpf! Auch bei Blumen. Eine geformte Papiermanschette macht's möglich.

Der Klassiker: Rote Rosen als zartes Pflänzchen für die noch junge Liebe.

Wissenswert

Tipp

Die Chinesen feiern den Valentinstag am 7. Juli des lunaren Kalenders. An diesem Tag kann man am Himmel zwei Sterne der Milchstraße, von den Chinesen NiüLang und ZhiNü genannt, so nah beieinander stehen sehen, wie sonst nicht wieder im gesamten Jahr. Der Legende nach trennte der Jadegrüne Kaiser seine Tochter ZhiNü von ihrem Geliebten NiüLang, der ein Waisenknabe war. Nur ein einziges Mal im Jahr, jeweils am 7. Juli, durften sich die beiden Liebenden sehen.

Für Ihr Herzblatt

Mit blumiger Unterstützung sagt es sich noch mal so schön „I love you". Und wenn die Botschaft in so eindeutiger Form überbracht wird, dann ist jeder Zweifel ausgeräumt.

Das Herz aus Steckschaum gibt der Rose Halt. Ausgeschnittene und aufgespießte Papierherzen machen die Botschaft eindeutig.

Dein ist mein ganzes Herz, scheint dieses **Blütenherz** in Lila zu versprechen.

TRISTAN & ISOLDE ❤ ROMEO & JULIA ❤ ADAM & EVA ❤ TARZAN & JANE ❤ BONNIE & CLYDE ❤ GINGER & FRED ❤ KERMIT & MISS PIGGIE ❤ HARRY & SALLY ❤ ERNIE & BERT ❤ RHETT BUTLER & SCARLETT O´HARA ❤ MICKEY & MINNIE ❤ PAPAGENO & PAPAGENA ❤ DICK & DOOF ❤ HAROLD & MAUDE ❤ PORGY & BESS ❤ HÄNSEL & GRETEL ❤ CYRANO & ROXANNE

Doppelt hält besser: Die in **Herzform** gesteckten Rosen lassen keinen Zweifel an der großen Liebe aufkommen.

Charmant und **beherzt** spielen zwei Ranunkeln den postillon d'amour.

Hunderte kleiner Schleierkrautblütchen in Herzform gesteckt erfreuen jede **Herzdame** am Valentinstag.

Blumen, die von Herzen kommen

Zarte, rosa-weiße **Herzensgrüße** mit Mini-Chrysanthemen für die junge Liebe.

Liebesträumereien: Hellblaues **Herzkissen** mit roséfarbener Gerberablüte.

Im Zeichen der Liebe

Kitsch hin oder her – jeder freut sich über eine kleine blumige Aufmerksamkeit am Valentinstag. Nicht nur das „Was“, auch das „Wo“ sagt etwas über die Art der Zuneigung oder gar der Liebe aus.

► *beim Aufwachen*

Roséfarbene Rosen mit romantisch anmutendem Beiwerk verlängern die süßen Träume. Da kuschelt man sich doch gern noch ein bisschen länger an den Liebsten.

▼ *am Frühstückstisch*

Der Tisch ist schon gedeckt und in seiner Mitte sagt ein kleiner Strauß mit roten Herzen mehr als tausend Worte. Und auch die knallroten Ranunkeln lassen keinen Zweifel an der Zuneigung des Schenkenden.

◄ als Begrüßung

Wer an seiner Tür mit solch einem Blumengruß empfangen wird, hat allen Grund zur Freude. Der Strauß und ein großes Herz auf der Papiertüte versprechen viel Gefühl.

► beim Kaffee

Warum am Valentinstag nicht mal eher Feierabend machen und die Füße hochlegen? Schön wenn der Nachmittagskaffee dann mit einem Strauß in der Farbe der Liebe versüßt wird.

► im Büro

Auch am Arbeitsplatz ist ein kleiner Blumengruß zum Valentinstag immer willkommen. Doch wer ist wohl der Verehrer? Der nette Kollege von nebenan oder ein anderer stiller Bewunderer?

▲ **Topfummantelung** Die Narzissentöpfe bekommen eine Hülle aus gelber Wellpappe. An der Innenseite der Pappe werden Gräser mit Klebestreifen fixiert. Einzelne Narzissenzwiebeln machen in bunten Teelichtgläsern eine gute Figur zu Ostern. Dazu Dekohühner aus Pappmaschee.

▼ **Serviettenschmuck** Ein breites Filzband und Naturbast halten die Serviette in Form. Eine einzelne Narzisse ist die dekorative Blütenzier und wird einfach unter den Bast geschoben. Wer will, klebt noch ein kleines Dekoblümchen darauf.

Frohe Ostern

Die schönsten Ideen für Ihre Ostertafel

Wenn sich Freunde und die Familie am Ostersonntag zum Brunch angesagt haben, darf eine stimmungsvolle und österliche Tischdekoration natürlich nicht fehlen. Fröhlich soll sie sein, sowie einfach und ohne großen Aufwand anzufertigen. Sie werden staunen, wie schnell das mit diesen Ideen gelingt.

Selbstgemacht: Frühstückseier im Naturlook

Das brauchen Sie: hart gekochte weiße Eier, mindestens eine Hand voll roter Zwiebelschalen, kleine Blätter und Koniferengrün, Nylonstrumpf, Draht, Kochtopf.

1 Einen Liter Wasser mit den Zwiebelschalen zum Kochen bringen. Auf die hartgekochten Eier kleine Blätter oder Zweige legen und mit einem Nylonstrumpf und Bindedraht fixieren. Die so präparierten Eier für ca. drei Minuten in das heiße Farbbad aus Zwiebelschalen legen.

2 Die Eier aus dem Farbbad nehmen und vollständig trocknen lassen. Den Strumpf und die Blätter vorsichtig entfernen. Unter den Blättern sollte sich deutlich ein Muster abgezeichnet haben. Die Eier zum Servieren einzeln in Eierbecher setzen oder zusammen in einer Schale mit Moos arrangieren.

Eier färben Selbst bemalte oder gefärbte Eier sind ein individueller Schmuck für die Ostertafel und gehören zum Frühstück einfach dazu. Besonders schön wirken Eier, die in Naturfarben, z. B. aus Zwiebelschalen, gefärbt werden oder denen, wie unten, beim Färben ein Zwiebelnetz umgelegt wird.

Einladung zum
Brunch

Ostern ist ein Fest für die ganze Familie. Wenn die Kinder die ersten Ostereier im Garten gefunden haben, heißt es Platz nehmen zum gemeinsamen Osterfrühstück. Laden Sie Freunde und Familie gemeinsam an einen farbenfroh und frühlingshaft gedeckten Tisch.

▲ Ein Stück **Blumenwiese** aus Katzengras auf dem Frühstückstisch. Die einzelnen Narzissenblüten sind in Orchideenröhrchen dazwischen gesetzt.

◄ Die weißen Keramikschalen wirken wie **Eier im XXL-Format.** Sie sind mit Stiefmütterchen, Wachteleiern und Federn gefüllt.

▲ Frühstücksei mit **Tulpenzwiebel**. Blüte und Ei verbindet ein kleines Kränzchen aus Gras und Draht.

◄ Servietten mit **Möhrchen- und Eierschmuck** sind die passende Zier für einen Ostertisch. Die Möhre wird einfach eingeklemmt und durch das Wachtelei eine Narzisse gesteckt.

So machen Sie aus kleinen

Frühlingsblühern ...

1

2

3

1 Der alte Trick aus dem Kindergarten: Ein aufgeblasener Luftballon wird in mehreren Lagen zur Hälfte mit bunten Papierschnipseln beklebt, nehmen Sie dazu Tapetenkleister. Die Papierschale trocknen lassen und Ballon entfernen. Dann Schale mit Folie auskleiden, Topfpflanze einsetzen und Wickensamen zur Dekoration einfüllen.

2 Ganz fragil sieht diese Papier-ei-Umhüllung aus. Dazu einen aufgeblasenen Mini-Loon mit weißem handgeschöpftem (Japan-) Papier bekleben, trocknen lassen und Ballon durch Zerstechen entfernen. Die Form mit Watte auffüllen und Topfpflanzen mit Übergefäß zum Schutz gegen Durchnässen einsetzen.

3 Inspiration aus der Küche. Ein kleiner halbierter Kohlkopf verhilft den Traubenhyazinthen zu einem außergewöhnlichen Auftritt. Der Kohl wird dafür etwa handtellergroß ausgehöhlt, die Pflanze mit Erdballen eingesetzt und mit einigen Federn zusätzlich dekoriert. Fertig ist ein frühlingshaftes Nest, das jeden Ostertisch ziert.

... österliche Geschenke!

Zu kaum einem Fest verschenkt man so gerne Blumen und blühende Topfpflanzen wie zu Ostern. Mit einem kreativen Drumherum wird dabei selbst aus dem kleinsten Pflanzentöpfchen ein farbenfroher Freudebringer.

4 Schalendekoration wie ein Nest. Aus den rundgelegten Zweigen und Efeuranken lugen keck die Tulpen hervor. Im knospigen Zustand sehen sie noch wie bunte Ostereier aus, später setzen ihre Blüten lustige Farbtupfer. Obenauf ein kleines Nest mit gefleckten Wachteleiern.

5 Hier sitzt nicht der Hase, sondern ein Bund blauer Traubenhyazinthen im Nest. Dieses besteht aus einigen Weidenreifen, die mit Bast zum Kranz gebunden und mit Efeuranken durchzogen sind. Ein paar Ostereier gehören einfach dazu, damit's bunt und fröhlich wird.

Fröhlich dekoriert

Kleine Basteleien und die ersten selbst gepflückten Blüten sind in der Osterzeit genauso gefragt wie ein üppiger Strauß aus dem Blumengeschäft. Suchen Sie noch nach einem kleinen Geschenk? Oder möchten Sie Ihre Wohnung österlich dekorieren? Dann lassen Sie sich von unseren blumigen Osterideen inspirieren!

Eingebettet in einem Nest und zusammen mit großen bunten Eiern hat sich hier der farbenfrohe Frühling eingefunden.

Schnell gemacht für den Ostertisch: Einfach ausgeblasene Eier mit einem Tropfen Alleskleber unten verschließen, Wasser einfüllen und kleine Frühlingsblüten mit Namensschildchen einstellen.

Bunte Mischung mit knackig frischen Frühlingsblumen. Der Clou ist die Manschette in Form eines gewickelten Moos-Kränzchens.

So macht Ostern richtig Spaß! Ein Weidenkranz umgibt den farbenfrohen Strauß und lässt kleine Eier an fröhlich-bunten Bändern baumeln.

Eine runde Sache durch und durch: Der knubbelige Strauß aus Ranunkeln, kleinen Wachsblumenblüten und angedrahteten Eierschalen.

Buntes Eierlei

Unkomplizierte Blütenideen in Schale

Was in einen alten Eierkarton so alles rein passt! Zum Beispiel eine bunte Gesellschaft aus Zwiebelblühern und Frühlingsschnittblumen in kleinen Töpfchen und Eiervasen. Ein Tropfen Klebstoff verschließt Töpfe und Eier an der Unterseite und verhindert, dass Feuchtigkeit austritt.

TIPP: Noch fröhlicher wirkt der bunt gefüllte Eierkarton, wenn man den Deckel vorher in Serviettentechnik beklebt. Am besten eignen sich Blütenmotive, die aus der Serviette ausgeschnitten und mit Leim auf der Schachtel fixiert werden.

Vaseneierlei mit zarter Frühlingsblüten-Mischung. Dazu werden Styroporeier mit einem Apfelausstecher ausgehöhlt, so dass ein Wasserröhrchen darin Platz hat. Zwiebelblüher können mitsamt der Zwiebel direkt in echte Eierschalen gesetzt werden.

Großer Auftritt für die Ranunkel. Ein Gänseei dient ihr als originelles Wasserreservoir. Damit beide nicht umkippen, wird ein Steckschaumwürfel mit Buchsbaum oder anderem Grün besteckt und das Ei mit Heißkleber darauf fixiert.

Ministräußchen in Eiervasen. Und weil sie so nett und lieblich anzusehen sind, kommen sie gleich zu dritt daher. Die ausgeblasenen Gänseeier sind mit Heißkleber auf Moos und farbigem Steckschaum befestigt.

Tipp: Geht mal ein Ei kaputt, ist's halb so schlimm! Die zerbrochenen Schalen werden auf Styroporeier aufgeklebt und erstrahlen wie ein Mosaik in ganz neuem Glanz. Anschließend die Eier komplett in zarten Pastelltönen bemalen.

OSTERN aus der Dose

Wer sagt eigentlich, dass Eier immer in einem Nest liegen müssen? Von dieser peppigen Dosen-Variante werden nicht nur die Kinder begeistert sein. Konservendosen einfach von ihren Etiketten befreien und mit farbigem Filz und buntem Band umwickeln. Die Dosen mit gefärbter Holzwolle und kleinen, österlichen Überraschungen füllen.

Frühlingsgruß in romantischem Blau. Ein weicher Kätzchenkranz schmiegt sich um die Blütenmischung aus Vergissmeinnicht, Traubenhyazinthen, Milchstern und weißen Narzissen.

Das Straußenei enthält eine kostbare Füllung. Vorsichtig strecken Tausendschön, Vergissmeinnicht und Traubenhyazinthen ihre Köpfe hervor.

Den sonnig-gelben Frühlingsblüten dient ein Straußenei als österliche Vase. Für den nötigen Halt sorgt ein bemalter Blumentopf.

Orange-rote Frühlingsmischung im Schalengewand. Ein alter Topf wird dafür weiß grundiert und mit Eierschalen beklebt.

Österliche Schmuckideen

Auch wenn der Osterhase seine Eier erst am Ostersonntag versteckt: Im Haus kann es auch schon in den Tagen vorher österlich zugehen. Die ersten Frühlingsblüher, kleine Nester und gefüllte Eierschalen bringen im Handumdrehen die richtige Festtagsstimmung.

Ein Nest aus Holzwolle umgibt die Primel schützend. Dazu ein Kranz aus kleinen Blumenzwiebeln, die auf einen Draht gefädelt und am Topf befestigt werden.

OSTERGLOCKEN

die schönsten Sträuße

Sie versprühen ihre Leuchtkraft gleich zu Beginn des Jahres. Narzissen begeistern mit ihrem Duft und ihren attraktiven Blüten zu einer Zeit, in der die Natur sonst noch nicht viel zu bieten hat. Kein Wunder also, dass Narzissen, im Volksmund auch Osterglocken genannt, schon zu Zeiten der alten Griechen ihrer Schönheit wegen gerühmt wurden. Ob in Weiß, Gelb oder Orange, gefüllt oder ungefüllt – mittlerweile wartet die charmante Blütenschönheit mit vielen neuen Züchtungen auf. Als Schnittblume oder in Töpfen und Schalen wurzelnd, lassen sich mit ihr hinreißende Arrangements erstellen. Und auch auf dem Ostertisch sind die anmutigen Blumen, die so fröhlich ihre Botschaft herausposaunen, eine märchenhafte Zier.

Stolz und erhobenen Hauptes präsentieren sich die Narzissen in diesem langstieligen Frühlings-Arrangement. In einem Nest aus *Muehlenbeckia*-Ranken sind Ranunkeln, Traubenhyazinthen und Anemonen ihre Begleiter.

Gelbe Osterglocken, Tulpen und weiße Margeriten – so holen Sie sich die Farbe und den Duft des Frühlings ins Haus. Ein farblich passendes Fransenband verleiht den letzten Pep.

Üppig und prächtig, verwoben und ein bisschen geheimnisvoll. Unter dem Sisal-Gespinst strecken Narzissen, Tulpen und andere farbenfrohe Frühjahrsblumen ihre Köpfe hervor. Auch das eine oder andere Osterei hat hier sein Versteck gefunden.

Wissenswert
Gewusst?

✿ Die Narzisse verdankt ihren Namen einer griechischen Legende. Derzufolge verliebte sich der attraktive Jüngling Narcissos in sein eigenes Spiegelbild. Als er sich über das Wasser einer Quelle beugte, um daraus zu trinken, nahm ihn der Anblick seines eigenen Antlitzes derart gefangen, dass er eine brennende, alles verzehrende Leidenschaft verspürte. Um dem geliebten Wesen nahe zu sein, sank er mit diesem ins Wasser. Doch die Götter waren Narcissos im Augenblick seines Todes gnädig und verwandelten ihn in eine schöne Frühlingsblume. Er gab damit nicht nur der Selbstverliebtheit des Menschen seinen Namen, sondern auch der Blume, die symbolisch für diese Eigenschaft steht.

✿ Auch die Bräutlichkeit hat mit der Narzisse ein Blumensymbol gefunden. So soll Hades, der Sohn des griechischen Gottes Kronos, alle heiratsfähigen Jungfrauen entführt, geliebt und seine Krone anschließend mit Narzissen verziert haben.

✿ In Arabienfindet sich die Narzisse häufig als Schmuck auf Grabsteinen. Sie gilt als Sinnbild für die Überwindung der Dunkelheit und damit als Zeichen der Hoffnung auf Wiedergeburt.

Zum Muttertag

Am zweiten Sonntag im Mai ist Muttertag. Ein Tag, um Danke zu sagen. Danke für all die kleinen und größeren Meisterleistungen, die Mütter alltäglich vollbringen. Meist bleiben sie unbeachtet, oft werden sie als selbstverständlich hingenommen. Doch das sind sie keineswegs! Warum also nicht den Muttertag als äußeren Anlass nehmen, um diese Dienste einmal besonders zu würdigen? Und was liegt da näher, als diese Botschaft mit Blumen zu überbringen? Dabei können Sie persönliche Vorlieben und Wünsche bei der Gestaltung des Straußes berücksichtigen. Zum Beispiel die Lieblingsfarben oder Lieblingsblumen.

Ein edler Dankeschön-Strauß mit lachsfarbenen Nelken, Schleierkraut und zweifarbigem Efeu. Wer will, kann eine selbstgemalte Dankeskarte anbringen.

Die schönsten Blumen als Dankeschön

Der Mutter zu Ehren kommt hier Farbe ins Spiel. Ein Tuff gefüllter, pinkfarbener Tulpen, umgeben von einem zarten Band und zu einem kugeligen Strauß gebunden.

Aprikotfarbene Ranunkeln, Rosen und Tulpen gehen hier mit saftigem Hellgrün eine raffinierte Farbverbindung ein. Dazu reicht eine schlichte, farblich passende Karte.

In zartem Gelb und von weißen Federn umgeben wird dieser frühlingshafte Kugelstrauß zu einem ganz besonderen Muttertags-Bouquet – für eine ganz besondere Mutter.

Wissenswert – Tipp

Es braucht ja wirklich nicht viel, um Frauenherzen höher schlagen zu lassen! Ein Strauß Blumen – und Ihnen ist die Liebe Ihrer Angebeteten gewiss! Wer sich allerdings als trendiger Blumenkenner ausweisen will, der steht mit einem „Vasenstrauß“ in der Tür. Dabei wird die Vase gleich mitgeliefert – und zwar ganz zeitgerecht mit einem Fransenkleid verziert! Gerade zu Muttertag haben Männer Gelegenheit, ihre Liebste mit einer Überraschung auf diesen Tag einzustimmen.

Mama ist die Beste!

Mal ehrlich: Welche Mutter freut sich nicht, wenn sie von ihren lieben Kleinen mit einem blumigen Gruß überrascht wird? Der Muttertag ist eine prima Gelegenheit, um Mami endlich mal wieder zu zeigen: Du bist die Allerbeste, und ich hab' dich lieb!

Das kommt von Herzen: Kleine Kamillenblüten in einer großen Herzmanschette. Aber auch die zarte Topfrose in einer dekorativen Papiertüte ist für eine Überraschung gut.

Da wird sich Mama freuen. Ein selbst gemachtes Herz aus Silberdraht macht aus der Rose ein besonders herzliches Blumenpräsent. Und beim Basteln hilft Papi sicher gerne mit.

Wie das duftet! Maiglöckchen stehen jetzt hoch im Kurs und verbreiten selbst in kleinen Handsträußchen ihren herrlichen, lieblichen Duft. Umgeben von Frauenmantel, Schleierkraut und einer raffinierten Manschette sind sie viel mehr als eine kleine Aufmerksamkeit.

Für die liebste

Kleine Überraschungen zum Muttertag erfreuen jede Mutter. Und dabei ist nicht die Größe des Geschenkes entscheidend, sondern die liebevolle Geste. Da sorgen kleinste Sträuße, von Herzen kommend und von Kinderhand gebracht, für größte Freude.

2

1

aller Mütter

3

4

1 Da schwingt Herz mit: unbeschwertes und unkompliziertes Karo zu orangefarbenen Rosen.

2 Maßliebchen und Schleierkraut mit Herzmanschette: klein und rein wie ein Kinderherz.

3 Mutti ist die Beste. Bunte Frühsommer-Mischung mit lustig schaukelnden Herzen.

4 Herzenssache. Rosa Topfrosen warten in einer Herztasche auf ihren Überbringer.

Für Mama kann das gesteckte, buntgemischte Blütenherz gar nicht groß genug sein!

Für Mutti

Eine blumige Überraschung im Zeichen der Elternliebe. Welcher Mutter würde da nicht das Herz aufgehen?

Die kleinen Herzchen sagen mehr als viele Worte. In Kombination mit rosaroten Rosen wird ein romantischer Muttertagsgruß daraus.

Für Mütter, die das Besondere lieben: Die herzförmige Papiermanschette verleiht einer einzelnen Rose Raffinesse.

Wissenswert

Gewusst?

Woher kommt eigentlich der Muttertag? Wir verdanken ihn Ann Jarvis, einer amerikanischen Frauenrechtlerin. Zu Beginn des 20. Jahrhunderts setzte sie sich für die Rechte der Frauen – insbesondere der Mütter – ein. Im Andenken an den Todestag ihrer eigenen Mutter, den zweiten Sonntag im Mai 1905, schaffte sie es, im Kongress einen allgemeinen Feiertag zu Ehren aller Mütter durchzusetzen. 1914 wurde der Muttertag zum ersten Mal als offizieller Feiertag in Amerika begangen, in Deutschland feierte man ihn erstmalig im Jahr 1923.

So sagt sich „Danke“ auf liebevolle Weise: Zartes Schleierkraut und transparentes Band umspielen die samtig schimmernden Rosen.

Blumen für den

Sommer

Ein locker und luftig gebundener Sommerstrauß, märchenhaft, ein bisschen verwunschen und mit Wicken überrankt.

Sommer

zum Strauß gebunden

Ein Kragen aus Tausenden kleiner Schleierkrautblütchen macht den besonderen Charme des lieblichen Gebindes aus.

Ein wenig verträumt und mit nostalgischer Anmutung: der hauchzarte Krautschleier überm typischen Sommerflor.

Frische

So duftet der Sommer. Die vielen Kräuter und die wohlriechenden Rosen übertreffen sich gegenseitig.

Wissens wert

Gewusst?

Nostalgie oder Werbegag der Autoindustrie? Im „New Beetle" gibt es die traditionsreiche Blumenvase fürs Armaturenbrett jedenfalls gleich serienmäßig. Und für all diejenigen, die derzeit kein neues Auto kaufen wollen: Die röhrenartige Glasvase gibt es auch einzeln und mit Saugnapf. Sie haftet an allen glatten Oberflächen und bringt so in jedes Automobil das typische fünfziger Jahre-Feeling. Ob Einzelblüte oder kleines Gebinde in die Vase einziehen, liegt ganz an der blühenden Fantasie des Fahrers oder der Fahrerin.

Be happy!

Sträuße für die gute Laune

Verschenken Sie doch mal eine geballte Ladung Sommerlaune. Oder verwöhnen Sie sich selbst mit der unbeschwerten Fröhlichkeit der schönsten Jahreszeit. Mit diesen farbenfrohen Sträußen hat schlechte Stimmung keine Chance!

Sonnenstrahlen eingefangen in einer leuchtenden Blütenkombination. Gelbe Rosen, Zinnien und orangefarbene Rudbeckien versprechen Sommerfreude pur.

Rosarote Zeiten verheißt die liebliche Komposition in Pastell. Von ihrer romantischsten Seite präsentieren sich Wicken und Rosen zusammen mit vielen weiteren Sommerblühern.

Feurige Mischung, die mit roten Dahlien, Rosen und Zierpaprika für temperamentvolle Abwechslung sorgt. Selbst Schuld, wer da noch Trübsal bläst.

Cool down! In frischen Blautönen beruhigen Eustoma, Disteln und Jungfer-im-Grünen sogar die hitzigsten Gemüter.

Heute schon eine Prise Sommer geschnuppert? Entdecken Sie jetzt die faszinerenden Aromen der schönsten Jahreszeit, und holen Sie sich mit Duftsträußen den Sommer direkt ins Haus.

Dufte Vergnügen

Duftrose 'Duende'

SINNLICH

Verführerische Strauß-Komposition in satten Rot- und Pinktönen. Pfingstrosen, Levkojen und Rosen verströmen einen tiefgründigen, ausdrucksstarken Duft voll warmer Sinnlichkeit.

Levkoje

Pfingstrose

Pfefferminze

ROMANTISCH

In zartem Pastell begeistert die Mischung von Historischen Rosen, Astilben, weißen Levkojen und Zitronenmelisse. Ihre Duftnote changiert zwischen lieblicher Süße und heiterer Beschwingtheit.

Zitronenmelisse

Historische Rose

Levkoje

ERFRISCHEND

Spritziger Sommercocktail mit fruchtig-coolem Aroma. Minze, Zitronenmelisse, gelbe Rosen und Zitronen wirken aufmunternd und belebend und bringen nicht nur optisch wohltuende Frische.

Duftrose 'Papillon'

Zitrone

Riech mal...

… an diesen sommerlichen Straußkompositionen. Doch wer denkt, nur Blüten könnten herrlich duften, der lasse sich hier eines Besseren belehren. Denn dufte kann es auch mit Blättern zugehen. Kräuter wie Melisse, Thymian, Salbei und Lavendel stehen der Rose, der Königin der Blumen, in Sachen Wohlgeruch keinesfalls nach. Atmen Sie tief ein und genießen Sie die Schönheit der Sträuße mit allen Sinnen!

Erdbeeren, Rosen und allerlei Kräutergrün verströmen in diesen Sträußen das reiche Aroma des Sommers. Und eines ist sicher: Den Duft der Jacaranda-Rose wird man so schnell nicht vergessen.

Zarte Komposition in Gelb-Weiß oder kontrastreichem Rot-Grün? In jedem Falle aber aromatisch! Wie beim Spaziergang durch den sommerlichen Kräutergarten duften Rose, Zitronenthymian, Duftgeranie, Salbei und Kamille um die Wette.

Sommerlicher Blütenmix schnell arrangiert

Frisch gepflückt

Gönnen Sie sich doch öfter mal ein paar Blumen! Es muss ja nicht gleich ein riesiger Strauß oder eine aufwändige Dekoration sein. Mit einzelnen Blüten, Blättern und Gräsern gelingen herrlich sommerliche Arrangements, die so natürlich wirken, als stammten sie direkt von der Wiese.

Blättergewand. Zarte Gräser, Wicken, Storchschnabel, einzelne Rosen und Blätter machen die gelungene Mixtur aus. Der Clou sind gerollte Funkienblätter, die die Stiele der Blumen umgeben und in den Glasvasen gut zur Geltung kommen.

Natürliche Steckhilfe. Einzelne Blüten, Blätter und Gräser in einer großen flachen Schale. Dank der raffinierten natürlichen Steckhilfe aus Thymianzweigen und gefärbtem Japanischem Knöterich finden sie den nötigen Halt und werden einfach dazwischen gesteckt.

Blütencocktails. Farbige Trinkgläser verwandeln sich hier in kleine Vasen, die sich perfekt als Tischdekoration eignen. Wenn nötig, bekommen Wicken, Geranien, Rosen, Klee und Gräser zwischen kurz geschnittenen Zweigen zusätzlichen Halt. Wer will, setzt mit Filzblumen einen verspielten Akzent.

Wissenswert

Gewusst?

! Für eine natürliche Blütenmischung **wie von der Wiese gepflückt** eignen sich folgende Blumen: jegliche Gräser, Blätter, Wicken, Klee, Kamille, Glockenblumen, Storchschnabel, Butterblumen, Wiesenschaumkraut, Wilde Möhre, Akelei und viele mehr.

? Wussten Sie, dass Japanischer Knöterich (*Fallopia japonica*) sich perfekt als **natürliche Steckhilfe** für einzelne Blüten eignet? Die Halme der Pflanze sind hohl und lassen sich mit Wasser füllen. In kurze Abschnitte geschnitten und dicht an dicht in ein flaches Gefäß gesteckt, geben sie langstieligen Blüten und Gräsern perfekten Halt. Übrigens wächst diese Art des Knöterichs häufig an Straßenrändern.

! Am schönsten wirken die natürlichen Arrangements, wenn sie jeweils mit ein bis zwei **größeren Blüten veredelt** werden. Zum Beispiel mit Rosen, die Sie entweder im eigenen Garten oder bei Ihrem Floristen bekommen. Ebenso geeignet sind Ringelblumen oder Dahlien.

! Eine besonders **wohlriechende Mischung** gelingt mit Rosen, Duftwicken, Lavendel und Duftpelargonien. Bei dieser Pflanze entwickeln vor allem die Blätter herrliche Aromen und eignen sich auch zur Zubereitung verschiedener Nachspeisen.

Romantischer Rosenzauber

Die Rose zählt nicht nur bei Romantikern zu den beliebtesten Blumen. Bereits in der Antike galt sie als Sinnbild der Liebe und Schönheit und bis heute hat sie von ihrer Faszination nichts eingebüßt. Jetzt hat sie Hochsaison und inspiriert zu neuen Gestaltungsideen.

1 Wenn es bei Tisch besonders festlich sein soll. Die gerollten Servietten enthalten eine edle Blütenfüllung in reizvollem Rot und Pink.

2 Klein, aber fein. Unter den zarten Organzasäckchen verbergen sich einfache Gläser, die das Rosentrio mit Wasser versorgen.

3 Dicht an dicht mit Rosen besteckt, macht dieser romantische Kranz auf der Kaffeetafel selbst der schönsten Torte Konkurrenz.

4 Mit Rosen überzogen. Selbst der Topf dieses Gesteckes hat eine rosige Ummantelung aus Geschenkpapier bekommen.

5 Warum statt Gebäck nicht mal Rosen auf der Tortenplatte servieren? Jedes der kleinen Gläser hat eine individuelle Füllung.

Wissenswert
Gewusst?

! Rosen sind auch im kulinarischen Bereich äußerst dekorativ. Zum Beispiel beim Verzieren von Torten. Dafür werden einzelne Rosenblütenblätter mit Eiweiß bestrichen, mit Zucker berieselt und nach dem Trocknen einfach über die Kuchenglasur gestreut.

! Das Öl von Rosen galt schon zu Beginn des 18. Jahrhunderts als eine unersetzliche Komponente bei der Herstellung von Parfum. Bis heute hat sich daran nichts geändert. Doch das ätherische Öl ist äußerst kostbar. Der internationale Marktwert für ein Kilogramm Rosenöl (wofür etwa 3 Tonnen Rosenblüten benötigt werden) liegt bei ca. 4000 Dollar.

? Wussten Sie, dass es in Steinfurth ein Museum gibt, dessen Forschung und Ausstellung sich ausschließlich der Rose widmet? Von der historischen und symbolischen Bedeutung der Blume, über Rosenduft und Rosenpoesie, bis hin zur Verwendung in Kosmetik, Heilkunst und Küche erfährt der Besucher alles rund um die Königin der Blumen.

Schleierkraut

Vom Zauber der tausend Blüten

Noch vor kurzem galt Schleierkraut als altmodisch, unmodern und fand nur wenig Beachtung. Kein Wunder, denn zuvor wurde es lange Zeit als Füllsel in fast jedem Strauß verwendet. Doch dieses „Lückenfüller-Image" hat das zarte Kraut nun abgelegt, und was seiner Zeit keiner mehr sehen wollte, erlebt jetzt ein blütenreiches Comeback. Mit neuen Sorten und in fantasievollen Gestaltungen erfreut es sich wieder größter Beliebtheit. Und gerade im Sommer vermittelt Schleierkraut mit seinen unzähligen kleinen Blütchen eine Leichtigkeit und Fröhlichkeit, die ihm so schnell keiner nachmacht.

Gypsophila elegans, heißt diese einfache, zart rosa-farbene Schleierkrautsorte. Und tatsächlich verleiht sie dem buntgemischten Strauß eine elegante und vornehme Note.

Als kompakter Kranz bietet die Gattung *Gypsophila paniculata* die ideale Bühne für die eigentlichen Hauptdarsteller des Blüten-Ensembles. Oder in einer großen Vase hinter Glas, fast wie ein dekoratives Gemälde, bei dem die Schleierkraut-Blütchen wie glitzernde Sterne aus dem farbenfrohen Strauß hervorblitzen.

Hibiskus

Sommerblüher fürs Urlaubsfeeling

Hibiskus – ein Grieche oder Italiener? Oder vielleicht ein echter Hawaiianer? Falsch gedacht! Die Pflanze, die unwillkürlich Erinnerungen an den letzten Urlaub im Süden wachruft, stammt ursprünglich aus den tropischen Regionen Asiens. Hibiskus gehört zu den Malvengewächsen, und eine gewisse Familienähnlichkeit ist spätestens beim Betrachten der Blüten nicht zu übersehen. Über 300 Arten gibt es weltweit. In seiner Heimat erreicht der Hibiskus eine Höhe von bis zu drei Metern. In unseren Gefilden gedeiht er als sommerliche Kübelpflanze im Freien oder als kleinere Topfpflanze auf dem Fensterbrett. In fröhlich und unbeschwerter Blütenpracht präsentiert er sich vom Frühjahr bis in den Herbst hinein: gefüllt oder ungefüllt, in Weiß, Gelb, Orange, Rot oder Rosa.

Links: Hibiskus im Raum. Als Zimmerpflanze erhält er eine dekorative Topfummantelung aus Bast und einem sonnig gelben Glasgefäß.

Unten: Hibiskus im Fensterbankformat. Mit einer Manschette aus Bast scheint er direkt von den pazifischen Inseln zu kommen.

Links: Hibiskus als kleine, nette Geschenkidee im Sommer. Eine simple Weißblechdose dient als glanzvoller Übertopf, der mit Band und Wachsblüte geschmückt wird.

Linke Seite: Hibiskus als Hochstamm. Mit bunten Laternen, die an langen Peddigrohr-Stäben durch die Baumkrone gesteckt sind, wird der Hibiskus spätestens bei der nächsten Party seinen Auftritt haben.

Bunte Schürzen um die Gefäße der Gerberapflanzen stimmen auf sommerliche Festlaune ein.

Eine alte Technik aus Kindertagen kommt hier zu neuen Ehren. Bunte Papierschnipsel mit Tapetenkleister auf ein Glasgefäß kleben. Trocknen lassen, abnehmen und als Übertopf verwenden.

Ein sommerliches Geschenk für Gartenbesitzer. Die Topfverkleidung aus buntem Papier lässt sich leicht selbst „weben".

TOP(F) VERPACKT!

Topfpflanzen als sommerliche Geschenkidee

Begonie im Lampion-Übertopf. Verdächtig als Mitbringsel für die nächste Gartenparty.

So kommt selbst die gewöhnliche Geranie groß heraus. Einen alten Tontopf passend zur Blütenfarbe bemalen, mit Geschenkpapier oder in Serviettentechnick bekleben.

Ein Garten aus der Konserve für die Fensterbank oder den Balkon. Dafür verschiedene Kräuter in unterschiedliche, dekorative Dosen pflanzen. Die Gefäße vorher mit Plastikfolie ausschlagen.

Lust auf frische

Kräuteröl und -essig selbstgemacht. In eine durchsichtige Glasflasche Kräuterzweige, Chili- und Senfkörner geben und mit Olivenöl oder Weißweinessig auffüllen. Am besten eignen sich Thymian, Salbei, Basilikum und Rosmarin.

Kräuter dürfen in der sommerlichen Küche auf keinen Fall fehlen. Sie verleihen schmackhaften Gerichten eine individuelle Note, sind gesund und darüber hinaus auch noch äußerst dekorativ. Ob als Geschenk oder für den eigenen Balkon – jetzt ist ihre Zeit gekommen!

Grüne Soße

eine Frankfurter Spezialität nach Frau Geheimrat Goethe

Sie benötigen mindestens 7 Kräuter, insg. 125 g, je nach Jahreszeit: Petersilie, Schnittlauch, Kerbel, Kresse, Pimpinelle, Sauerampfer, Liebstöckel, Borretsch, Dill, Estragon, Zitronenmelisse

2 gekochte Eier, 1 Gewürzgurke, 1 Zwiebel und die Kräuter sehr fein hacken. Eine geriebene Zehe Knoblauch, 2 EL Senf, Pfeffer, Salz, Saft und die geriebene Schale einer halben Zitrone dazugeben und alles mit 4 EL Mayonnaise und 150 g Joghurt vermischen. Dazu gekochtes Rindfleisch oder Fisch servieren.

Ein unkompliziertes Geschenk für Hobbyköche. Einfach in einem Körbchen verschiedene Kräuter zusammenstellen und mit Bestimmungsetiketten versehen. Am besten ein passendes Rezept gleich mit beilegen.

Kräuter

Kräuter im hässlichen Plastiktopf verschenken? Niemals! Stattdessen wickeln Sie einfach ein dekoratives Küchentuch um den Topf und befestigen es mit buntem Küchengarn.

COOL WATER

WASSERPFLANZEN – DER NEUE DEKOHIT

Die Sommersonne strahlt vom Himmel, die Temperaturen klettern auf Höchstwerte. Die besten Voraussetzungen für eine spritzige Gartenparty. Ihre Freunde haben schon zugesagt und ein paar erfrischende Drinks sind schnell gemixt. Fehlt nur noch die Dekoration. Und die zeigt sich mit Wasserpflanzen diesmal garantiert von ihrer coolsten Seite.

Pistia stratiotes

Spirodela polyrhiza

Ein Einmachglas wird zum neuen Schwimmbassin für Teichlinsen. Im türkisgefärbten Wasser schillern ein paar Dekoglassteine. Wer den Miniteich verschenken will, befestigt am Glasrand einfach ein Stück Spanndraht als Griff.

Die Wasserhyazinthe bekommt eine trendige Häkelumhüllung aus ozeanblauem Draht. Dafür wird das Drahtgewebe einfach um das Einmachglas gelegt und die Enden mit wenigen Handgriffen aneinander befestigt.

Eichhornia crassipes

Ein Guckloch ermöglicht Einblicke in das Wasserglas und präsentiert das ansehnliche Wurzelwerk der Muschelblume. Das Pergaminpapier wird mit Hilfe von Tapetenkleister aufgetragen.

TIPP:

Wasserpflanzen sind in gut sortierten Gartencentern und Zoofachhandlungen erhältlich. Damit die gezeigten Dekorationsideen über einen längeren Zeitraum schön anzusehen sind, sollte das Wasser ca. ein bis zwei Mal pro Woche gewechselt und das Gefäß von innen ausgewaschen werden.

Sauer macht lustig!

Zitrusfrische Ideen für die Sommerparty

Ob hohe Bäumchen mit Baumkronen aus kräuterbesteckten Steckschaumkugeln oder niedrige Gläser, die mit Kräutern umwickelt und mit Blüten und Limetten gefüllt werden – das frische, sommerliche Aroma ist kaum zu überbieten.

Die krautigen Sträuße mit ausladender Grasmanschette werden von Zitronen- und Limettenhälften geschmückt, die an Draht in den Strauß eingesteckt werden. Die Sträuße selbst stehen in schlichten Gläsern, die mit Gras umwickelt sind.

In Limetten gesteckte Rosmarinzweige mit selbst gemachten Namensfähnchen verraten den Gästen, wo sie ihren Platz finden. Beim Einstechen des Zweiges in die Zitrusfrüchte kann sich das herrliche Aroma bestens entfalten.

Überraschen Sie Ihre Freunde doch mal mit einer Party im Zitrus-Look. Eine ungewöhnliche Stylingidee für die schönste Jahreszeit, bei der reife Zitronen und Limetten als Basis für herrliche Dekorationen und Gaumenkitzel dienen. Testen Sie selbst, wie schnell mit diesem Mix der unwiderstehliche Duft des Südens auch Ihnen ins Haus weht.

Erfrischende Zitronentorte

Einen Mürbeteigboden backen, in der Tortenform erkalten lassen. 200 g „Philadelphia"-Frischkäse, 150 g Zucker und 2 EL Zitronensaft glatt rühren. 1 Päckchen Zitronen-Götterspeise mit wenig Wasser quellen lassen, mit 1 Tasse kochendem Wasser verrühren und zur Käsemasse geben. 1/2 l süße Sahne schlagen und unterheben. An den Rand der Tortenform Zitronenscheiben stellen, die Käsemasse auf den Boden geben und mindestens 5-6 Stunden kalt stellen. Eventuell zusätzlich mit Marzipan verzieren.

Es grünt so grün!

Der Wonnemonat bittet zu Tisch

Kaum werden die Tage länger, locken uns die warmen Sonnenstrahlen zum Feiern nach draußen. Tisch und Stühle sind schnell rausgeholt und eine grüne Maitafel für die besten Freunde ist rasch gedeckt.

Grünes Licht für die Tafel

Das brauchen Sie:
grüne Gläser für Teelichter; runde grüne Schwimmkerzen; einige Stängel Frauenmantel

So wird's gemacht:
Einige Frauenmantelblüten von den Stängeln zupfen und auf den Glasboden geben. Die Gläser zur Hälfte mit Wasser füllen, so dass die Blüten vollständig bedeckt sind. Je Gefäß eine Schwimmkerze einsetzen.

Tipp: Die Windlichter wirken besonders stimmungsvoll, wenn Sie sie in der Tischmitte mit grünen Äpfeln zu einer lockeren Reihe arrangieren.

Ganz schön in Schale haben sich die grannygrünen Äpfel hier geworfen. Grasbüschel verhelfen den Früchten zu einem ungewöhnlichen Auftritt, und der Nachtisch ist gleichzeitig schnell zur Hand.

Der große Auftritt der einzelnen Margerite ist schnell arrangiert. Einfach ein schlichtes Keramikgefäß mit Wasser und kurz geschnittenem Frauenmantel füllen. Zum Schluss in die Mitte eine Margeritenblüte stecken.

Maibowle als Erfrischung

Das brauchen Sie:
1 Bund Waldmeister, je 2-3 Blatt Pfefferminze, Zitronenmelisse, Pimpinelle, 15 Blätter von schwarzer Johannisbeere, ca. 150 g Zucker, 1 Flasche Weißwein, 1 Flasche Sekt

So wird's gemacht:
Kräuter und Zucker in ein Gefäß geben, den Wein dazugießen. Eine Stunde ziehen lassen. Kräuter entfernen. Vor dem Servieren den Sekt dazu gießen.

Tipp: Schön grün wird's mit einem Schuss Waldmeistersirup. Wer möchte, kann die Bowle mit Früchten und Waldmeisterblättern dekorieren.

Mit ERDBEEREN dekorieren

Sommer-Tipp:

Sie ist die erste Frucht des Sommers. Die Erdbeere. Doch nicht nur deshalb sehnen wir ihre Reife ganz besonders ungeduldig herbei. Mit ihrem süßen Aroma, ihrer leuchtenden Farbe und ihrer vollendeten Form gilt sie als Symbol des sinnlichen Genusses.

◀ Für den Kerzenständer wird ein Topf mit Hilfe von doppelseitigem Klebeband dachziegelartig mit Erdbeerlaub beklebt. Die Früchte zum Schluss einfach auflegen.

▼ Rosen und Erdbeeren. Eine Kombination, die an sommerlicher Sinnlichkeit kaum zu übertreffen ist. Am besten wählt man ein hohes Gefäß, dann kann das Erdbeerlaub seine rankenden Ausläufer malerisch herabfließen lassen.

▲ Neben süßem Erdbeeraroma verströmen Salbeiblätter und Oreganoblüten den Duft des Sommers. In Form kleiner Kränze sind die frischen Kräuter eine sinnenfrohe Ergänzung bei jeder sommerlichen Tafeldekoration.

▼ Pure Verführung. Hier gesellt sich allerlei Beeriges zueinander. Die kleine Wald-Erdbeere ist dabei nur eine von vielen. Doch selbst bei solch rosiger Konkurrenz kann sie sich der vollen Aufmerksamkeit sicher sein.

Gewusst? Wissens wert

Die kleine PFINGST-IDEE

Haben Sie noch eine einzelne Tasse, die noch nie richtig zu Ihrem Service passte? Dann füllen Sie diese doch einfach mal mit Blumen! Schon haben sie ein nettes und originelles Geschenk. Geeignet: Eine einzelne Pfingstrose, die umgeben ist von Erdbeerlaub, oder andere Blumen der Saison – lassen Sie Ihre Fantasie spielen.

Süß & verführerisch

Hochsaison für Erdbeeren

Endlich sind sie reif. Süß und verführerisch verlocken Erdbeeren jetzt zum Backen, Kochen und Naschen, und das am liebsten direkt vom Feld. Doch die Früchtchen sind nicht nur super lecker und gesund, sondern darüber hinaus auch äußerst attraktiv. Ob im Blumenstrauß oder als Dekoration auf der nächsten Kaffeetafel – die roten Beeren sind in jedem Fall eine Sünde wert.

Ein erdbeerrotes Blüten- und Früchtegesteck, von dem zwischendurch auch gerne genascht werden darf. Zinnienblüten, Beeren und Blätter sind in Steckmasse gesteckt, die Zwischenräume dekorativ mit Moos abgedeckt.

Wissenswert

Gewusst?

? Wussten Sie, dass die Erdbeere eigentlich gar keine Beere ist? Genau genommen handelt es sich bloß um eine **Scheinfrucht**, denn die wirklichen Früchte sind die kleinen „Kerne" oder „Nüsschen", die auf dem fleischig verdickten Blütenboden sitzen.

! Anders als bei vielen anderen Pflanzen können Erdbeeren gleichzeitig blühen und fruchten. Kein Wunder also, dass die rote Beere oft als **Liebesfrucht** bezeichnet wird und in der alten Pflanzensymbolik stets mit der Verlockung zur Sünde assoziiert wurde.

! Die Erdbeere ist ein wahrer **„Wellness-Snack"**. So wirken die in der Frucht enthaltenen Katechine entzündungshemmend, antibakteriell und binden giftige Schwermetalle im Darm. Daneben enthält der Deutschen Lieblingsobst natürlich Vitamin C, Kalium und Mangan, das nicht nur die Libido anregt, sondern auch Knochenbau und Blutproduktion unterstützt.

Oben: Im Blattschälchen serviert. Ob es sich hierbei um Tischdekoration oder den Nachtisch handelt, wird sich vermutlich von selbst entscheiden. Denn bei diesem Anblick wird keiner der Gäste lange widerstehen.

Unten: Typisch für die Saison. Gefüllte Rosen in Rosarot und saftige Erdbeerfrüchtchen sind auch im Strauß eine gelungene Kombination. Ein Mooskranz hält die Mischung in Form.

So riecht der Sommer

Sommer, Südfrankreich und die Provence. Wer denkt da nicht sofort an ausgedehnte Lavendelfelder, den Duft der violettblauen Sträucher und ein unbeschwertes Gefühl von Leichtigkeit. Ein bisschen von allem schwingt mit, wenn Sommersträuße mit diesem traumhaften Sommerduft versehen werden.

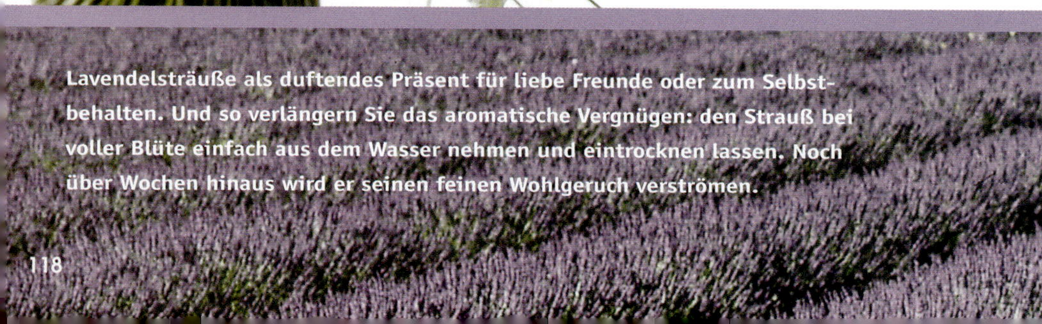

Lavendelsträuße als duftendes Präsent für liebe Freunde oder zum Selbstbehalten. Und so verlängern Sie das aromatische Vergnügen: den Strauß bei voller Blüte einfach aus dem Wasser nehmen und eintrocknen lassen. Noch über Wochen hinaus wird er seinen feinen Wohlgeruch verströmen.

4

1 Die Lavendelgestecke eignen sich gut zum Trocknen. Die Stiele dienen dabei als dekorative Gefäßummantelung. **2** Eine harmonische Verbindung: Lavendel und Rose. Wer von beiden den schöneren Duft verbreitet, lässt sich schwer entscheiden. **3+4** Ein Stück Provence auf der heimischen Terrasse. Auch als Kübelpflanze und im Zusammenspiel mit Kräutern oder anderen sommerlichen Blühern gedeiht Lavendel prächtig. Rustikale Pflanzkörbe verleihen ländlichen Charme.

Duftiges

Wie kaum eine andere Pflanze verkörpert Lavendel den sonnigen Süden. Mit seinem betörenden Duft und seiner violetten Farbe verzaubert er unsere Sinne und weckt die Lebensfreude. Auch als Tafelschmuck beim Sommerfest verbreitet er jetzt seinen Charme.

▲ Duftkerzen. In schlichte, hohe Windlichtgläser werden schlanke Tafelkerzen und einige Lavendelzweige eingestellt. Aus Sicherheitsgründen sollten Sie die Zweige lieber etwas kürzer schneiden.

► Schnell gemachte Deko: Kleine Gläser mit Lavendelblüten füllen und Teelichter drauf setzen.

◄ Tischkarten mit Mehrwert. Die Duftsäckchen mit Namensschildern können nach der Feier von den Gästen mit nach Hause genommen werden und im Wäscheschrank ihr herrliches Aroma verbreiten.

► Lavendel umhüllt einfache Gläser, die dem sommerlichen Blütenflor als Vase dienen. Am schönsten wirkt dieser Tischschmuck, wenn er in Gruppen oder gereiht aufgestellt wird.

Lavendelfest

Margeriten

Jetzt ist sie da: die Zeit, um unter freiem Himmel mit Freunden ausgelassen zu feiern. Natürlich und ungezwungen soll dabei nicht nur die Stimmung, sondern auch die Tafeldekoration ausfallen. Holen Sie sich doch die Wiesenblumen einfach auf den Tisch. Grasbüschel werden dafür um eine Dachlatte gewickelt und einzelne Margeriten in wassergefüllten Reagenzgläsern einfach eingesteckt.

Margerite an Serviette. Die Einzelblüte wird unter einen Ring aus aufgefädelten *Lunaria*-Früchten gesteckt.

Tafel

Klein, aber fein: Ministräußchen aus einzelner Margerite mit *Alchemilla*-Kränzchen.

Große Wirkung mit wenig Aufwand: Einzelne Margeriten in Sektgläser eingestellt und in kleinen Gruppen auf dem Tisch platziert.

Grün-Weiß für dekorative Sommerfrische. In einer mit Wasser gefüllten Glasschale schwimmen granny-grüne Äpfel und einzelne Margeriten.

Hier macht's die Menge. Bunte Fähnlein in Töpfchen mit Pantoffelblumen verraten deutlich, was die Gäste sich für die Feier wünschen.

It's Partytime

Es riecht nach Gras, es ist abends noch angenehm warm und bleibt lange hell. Es ist Hochsommer und damit die schönste Zeit, um draußen stimmungsvolle Gartenfeste zu veranstalten. Sei es der spontane Grillabend oder die Cocktailparty. Gemeinsam mit Freunden bis in die späte Nacht unter freiem Himmel feiern und quatschen – dazu verlockt jetzt die Jahreszeit. Hier präsentieren sich die schönsten blumigen Mitbringsel für jede Sommerfete. Damit tragen Sie nicht nur zur originellen Tischdekoration bei, sondern liefern die richtige Partystimmung gleich mit.

▲ Für die Party eine witzige Dekoration, die später auf dem Balkon ihr Plätzlein findet. Wie Lampions en miniature hängen die Physalisfrüchte an der Leine.

► Hier wird die stimmungsvolle Beleuchtung gleich mitgebracht. Sobald es draußen dämmert, haben die ausgehöhlten Zitronenlichter ihren funkelnden Auftritt.

◄ Ob die Baldachine den Männertreu vor zu viel Sonne schützen? Eine lustige Verpackung sind sie allemal.

► Eine originelle Topfumhüllung macht aus jeder kleinen Topfpflanze einen Hingucker.

Wissenswert Tipp

✻ Super Gartenparty! Wenn nur die lästigen Mücken nicht wären! Sobald es draußen dunkel wird, treiben sie an menschlichen Armen, Beinen und anderen Körperstellen ihr stechendes Unwesen. Abhilfe sollen da Zitronen bringen. Einfach ein paar aufgeschnittene Scheiben offen in eine Schale legen oder in die Tischdekoration mit einarbeiten. Oder Zitronella-Kerzen aufstellen, die es inzwischen auch in Form von praktischen Teelichten gibt.

Saure Früchtchen

Die lustigen Tischkarten für die Sommertafel sind schnell selbst gemacht und auch für Kinder ein Spaß. Aus Rebenbindegarn Füße und Hut formen und mit Nadeln an der Zitrone feststecken. Namensschildchen am Hut befestigen, Gesicht aufmalen und fertig!

Garantiert kalorienfrei:

Florale Delikatessen

Genuss ohne Reue! Ob als Mitbringsel zur Sommerparty, zum Geburtstag oder einfach nur so: Bei diesen blumigen Leckereien greift jeder gerne zu.

Die Kerze verrät's: Dies ist ein Stück vom Birthday Cake. Zwischen farbigem Steckschaum macht eine bunte Blütenfüllung Appetit auf mehr.

Korallenmoos präsentiert sich im geringelten Pappbecher wie ein spritziger Drink für die nächste Cocktailparty. Strohhalm rein, Orangenscheibe dran und frisch bekomm's!

Blumen für Fast-Food-Fans: Der Blütenburger kann je nach Geschmack unterschiedlich gefüllt werden.

Diesem blühenden Tortenstück kann keiner widerstehen. Und da dies keine Sünde ist, dürfen es auch schon mal zwei sein.

Die Eissaison hat begonnen! Doch diese Kugeln sind aus Steckschaum und wurden mit Blüten zu verlockenden Sorbets dekoriert.

SELBSTGEMACHTE

Sommerlichter

Sommerabende auf Balkon und Terrasse bedeuten Hochsaison für Windlichter, denn dann ist stimmungsvoller Kerzenschein auch draußen wieder gefragt. Unkompliziert und leicht nachzumachen sind die neuesten Ideen, die jeden Balkon ins rechte Licht setzen.

Blumenreigen
Um ein Wasserglas breites Vliesband oder Pergamentpapier überlappend anlegen und mit Klebstoff fixieren. Ebenso mit schmaleren Bändern vorgehen, den oberen Abschluss bildet ein ausgestanztes Blütenband. Teelicht einstellen, fertig!

Freischwimmer
In ein niedriges Trinkglas kleine Blüten geben und mit Wasser auffüllen. Eine Schwimmkerze einsetzen und ein dekoratives Band locker um das Glas binden. Als zusätzlicher Schmuck können bunte Kunststoffherzen dienen.

Pompon-Look
Am oberen Rand des Glases ein mittelbreites, transparentes Band mit Klebstoff befestigen. Darum eine Pomponkordel mehrfach wickeln und am Ende verknoten. In das Glas Reis füllen und eine niedrige Kerze einstellen.

Sommerwiese
Wenn zarte Blüten und Bänder das Windlicht umspielen, zeigt sich der Sommer von seiner sonnigsten Seite. Feine Zweige lassen sich schnell mit Draht befestigen, und schon wird das Blütenband zum Hingucker für den ganzen Sommer.

Blütenkranz
Eine niedrige Stumpenkerze in ein Glas stellen. Auf einen dünnen Draht oder eine Gimpe Blütenblätter oder Fruchtstände fädeln und locker um das Glas winden.

Ganz schön verkork(s)t

Selbst gemachte Flaschenverschlüsse sind die Hingucker auf jeder Wein- oder Likörflasche und noch dazu eine tolle Geschenkidee!

1 Von einer leeren Haushaltsrolle ein Stück Pappe abschneiden und so um einen Korken kleben, dass oben ca. 0,5 cm Pappe überstehen.

2 Die Pappe mit grünem Bastelfilz bekleben. Dies funktioniert am besten mit Heißkleber oder gewöhnlichem Alleskleber.

3 Ein kleines Stück Kunstrasen aus Plastik auf den Korken kleben. Kleine bunte Dekoblüten mit einem Tropfen Klebstoff an den Rasenspitzen befestigen.

1 Von einer Papprolle (Haushaltspapier) 4-5 cm abschneiden und Blätter von Rhododendron oder Kirschlorbeer mit den Stielen nach oben auf die Rolle kleben.

2 Auf den Spitzen (Stielenden) der Blätter mit Heißkleber kleine Perlen aufkleben.

3 Zum Schluss die entstandene krone auf einen Korken setzen und ebenfalls festkleben.

Kapkörbchen

Mittagsgold

Studentenblume

Wandelröschen

Wärme durch Farbe

Helfen Sie dem mitteleuropäischen Sommer doch mal ein bisschen auf die Sprünge. Mit einer Bepflanzung in freundlichem Orange und Gelb strahlt ihr Balkon mit der Sonne um die Wette. Und schon lassen auch die entsprechenden Temperaturen nicht mehr lange auf sich warten.

PFLANZ-TIPP

Für Abwechslung in der Balkongestaltung sorgen ungewöhnliche Gefäße. Formschöne Pflanzkörbe gibt es jetzt in allen Variationen. Meistens sind diese bereits mit einer Folie ausgeschlagen und können direkt bepflanzt werden. Um Staunässe zu verhindern, unten in die Folie kleine Löcher schneiden. Bei höheren Körben empfiehlt es sich, die Gefäße bis zur Pflanztiefe mit Blähton oder Rindenmulch zu füllen.

Sonne, Liegestuhl und strahlend leuchtende Sommerblüten sind die richtigen Zutaten für den täglichen Kurzurlaub auf dem eigenen Balkon. Verwöhnen Sie Ihr Auge mit dem im Sommer aktuellen Blütenmix in warmen Gelb- und Orangetönen. In üppig bepflanzten Kästen und hohen Töpfen entfachen rankende Wandelröschen, Husarenknopf und Schwarzäugige Susanne ihr Leuchtfeuer am schönsten. Südländisches Flair in heimischen Gefilden, auch wenn der Himmel mal bedeckt sein sollte.

Sonnen träume

Wer will da noch in den Urlaub fahren? Denn wenn die Sonne ihre warmen Strahlen vom Himmel schickt und die Temperaturen in die Höhe treibt, wird die eigene Terrasse zum blühenden Ferienparadies. Mit den passenden Pflanzen und Gefäßen holen Sie sich das sonnige Lebensgefühl des Südens direkt vor die Haustür.

Wissens wert
Tipp

Terrakotta-Gefäße sind die Klassiker unter den Pflanztöpfen. Nicht nur wegen ihrer südländischen Ausstrahlung, sondern vor allem aufgrund ihrer für das Pflanzenwachstum günstigen Eigenschaften. Das atmungsaktive, wasserspeichernde Material gleicht Temperaturunterschiede zwischen dem kühlen, feuchten Substrat und der heißen Sonne aus. Die Widerstandsfähigkeit der Gefäße gegen Frost ist abhängig vom verwendeten Ton. Das Qualitätssiegel „Impruneta" ist ein Hinweis auf gute Gefäßqualität.

Links: Buntnesseln sind mit ihrem mehrfarbigen Laub „flammende" Begleiter einer leuchtenden Blütenpracht aus Löwenmäulchen, Dahlien, Kapkörbchen und Salvien.

Oben: Die gestreiften Blüten der Stundentenblume versprühen Lebensfreude pur. Im Hintergrund bringen gelber Sonnenhut und rote Salvie Leuchtkraft ins Spiel.

Unten: Rote Salvien, Studenten- und Ringelblumen. Die würfelförmigen Gefäße sind je mit einer Pflanzenart bepflanzt. Schnell gemacht und optisch überzeugend.

Sommerlich heiter und strahlend:

Good Morning Sunshine

Für beschwingte Sommerlaune in luftiger Höhe: Der Hanging Basket im Blütenmix von gelben Strohblumen, Begonien, Goldmarie, Kapkörbchen, weißen Petunien, Enzianstrauch und Mottenkönig.

Blüten fürs Sunshine Feeling

1 das reichblühende Kapkörbchen mit seinen hellgelben Strahlenblüten

2 weiße Margeriten, die romantischen Klassiker

3 die kompakt wachsenden, sattgelben Margeriten

4 die rankende, weiße Kartoffelwinde

Es wird Sommer! Endlich wieder draußen leben, umgeben von Blüten und sonnendurchfluteter Luft. Leichtigkeit und Helligkeit bestimmen das Lebensgefühl dieser Jahreszeit. Unbeschwert und fröhlich wie ein strahlender Sommermorgen zeigen sich jetzt auch die neuesten Gestaltungsideen für Balkon und Terrasse. Freundliche, strahlende Sonnenfarben haben die dunklen Töne verbannt. Jetzt ist Sunshine Feeling angesagt, das sich mit frischer gelber und weißer Farbe verbindet. Viele kleine Strahlenblütler zusammen mit Petunien oder Rosen verwandeln nun Terrassen und Balkone in leuchtende Blütenoasen. Begrüßen Sie jetzt die Sonne und genießen Sie den Sommer!

3

TIPP

Ein Kasten voller Sommersonne, in dem ausschließlich gelb und weiß blühende Pflanzen kombiniert werden. Besonders geeignet fürs Sommerszenario sind die blütenreichen Mini-Petunien, Margeriten, Kapkörbchen, Tabakblumen und Husarenknopf.

4

1

2

MIX IT!

Lust auf südamerikanisches Flair, Farbe und feurige Assoziationen? Dann wählen Sie mal den Latino-Mix aus sonnengebleichten Terrakottagefäßen, schweren Korbmöbeln, bunten Kissen und jeder Menge farbenintensiver Blüher dazu. Sie werden sehen, Ihr Outdoor-Sommer wird Rasse haben!

1 Bunter Mix im Miniformat: Pantoffelblume, Buntnessel, Eisenkraut und Sonnenhut bilden ein perfektes Quartett.

2 Gegensätze ziehen sich an. Die beiden verschiedenen Töpfe und Pflanzen sind durch Weidenzweige und Band miteinander verbunden und werden so zum adretten Paar.

3 Liebevolles Sammelsurium auf der Fensterbank. Geranien, Goldmarie, gelber Polarstern, Fleißiges Lieschen und Buntnessel haben ihr Plätzchen gefunden.

3

4

5

4 Blütenoase im Multikulti-Mix: Bunte Blütenmischungen in hohen Terrakottagefäßen ziehen alle Blicke auf sich. Korbmöbel laden zur Entspannung ein.

5 Leuchtend gelbe Strohblume und himmelblaue Lobelie. Ein fröhliches Gespann, das die Sonnenstrahlen hervorlockt.

Ein Korb voll Sommer

1

2

3

Ob auf Balkon, Terrasse oder im Garten: Jetzt ist die ideale Zeit, um den letzten Töpfen ihr Sommer-Outfit anzulegen. Eine formschöne Alternative zu herkömmlichen Pflanzgefäßen sind dabei Körbe aus Weidengeflecht. In verschiedenen Größen, Formen und Farben sind sie jetzt in Gärtnereien und Pflanzenmärkten erhältlich. Meist sind die Körbe innen mit einer Folie ausgeschlagen und so gegen die Feuchtigkeit der Erde geschützt.

4

5

1 Duo mit ausgefallener Figur. Doch aufgepasst: Die interessante Form der Gefäße bietet Angriffsfläche für Windböen, daher am besten von innen mit Kieseln oder Backsteinen beschweren.

2 Die flache Bodenschale aus Korb macht jedes Rückzugseckchen zu einer wahren Ruheoase.

3 Imposanter Solitär mit interessanter Korbstruktur und aufstrebender Bepflanzung.

4 In luftiger Höhe kommt der kegelförmige „Hanging basket" besonders gut zur Geltung.

5 Vielseitig einsetzbar: Eine kleine Variante, die ihren großen Geschwistern hinsichtlich der Ausstrahlung in nichts nachsteht.

6 Für die Gefäßt gilt: Gleich und Gleich gesellt sich gern. Verschieden dagegen die Bepflanzung: mal bunt gemischt, mal solo.

6

Hanging Baskets

Sie sind blühende Blickfänge und baumeln in luftiger Höhe. Die sogenannten „Hanging Baskets“ stammen ursprünglich aus England und ermöglichen eine spezielle Pflanztechnik, die die Blütenpracht besonders üppig wirken lässt. Ob am Hauseingang, im Baum, auf Balkon oder Terrasse: Wer sich einmal für die hängenden Körbe begeistert hat, wird überall ein Plätzchen finden.

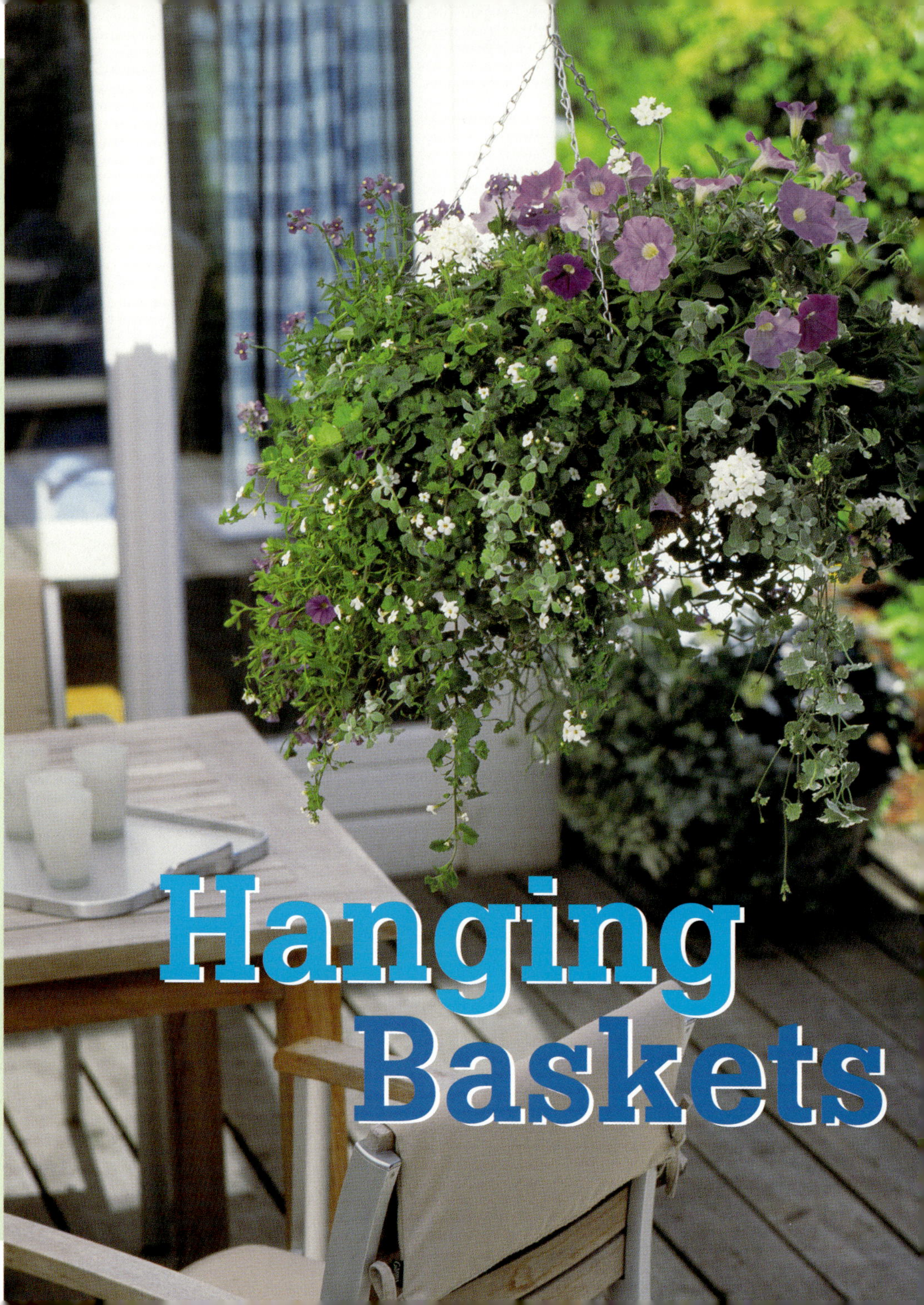

Hier treibt es jemand ganz schön bunt. Ein fröhlicher Blütenmix von Nelken, *Tagetes,* Margerite, hängender Petunie, Lobelie und Goldmarie.

Unkomplizierte Mischung von aufstrebender Begonie und *Tagetes* sowie hängender Lobelie und Eisenkraut.

Dieser Korb mit tausend kleinen Blüten wurde nur im oberen Teil bepflanzt. Für einen Hanging Basket untypisch, aber nicht weniger wirkungsvoll. Elfenspiegel, Köpfchenstrohblume, Elfensporn und Mini-Petunie machen die Mischung aus.

In einer gelb-weißen Mischung scheinen Begonie, Tagetes, Strohblume, Gazanie und Schneeflockenblume die Strahlen der Sonne eingefangen zu haben.

Wissens wert

So geht's

Den Drahtkorb im unteren Bereich mit Moos auskleiden und mit Erde füllen. Die seitlichen Hängepflanzen werden mit Hilfe einer Plastiktüte durch das Gitter gefädelt und ihr Ballen auf die Erdschicht gelegt.

Sind die Seiten bepflanzt, wird die Moosschicht bis zum oberen Korbrand gezogen und der Korb mit Erde aufgefüllt. Zum Schluss wird die Oberseite mit aufrecht wachsenden Pflanzen bepflanzt und alles angegossen.

Nichts wie rein ins bunte Vergnügen! So lautet das Motto für die fröhlichste aller Balkonbepflanzungen. Wenn die Sonne am Himmel strahlt und die Temperaturen in die Höhe klettern, kommt mit leuchtend bunten Blütenkombinationen die richtige Ferienlaune auf. Erlaubt ist, was gefällt!

Fröhlich und unkompliziert in der Gestaltung bietet der neue Trend einen Sommerspaß für die ganze Familie.

Villa Kunterbunt

Starke Farben für Balkon und Terrasse

Zurückhaltung ist hier nicht angesagt. Schöpfen Sie bei der Farbwahl mal so richtig aus dem Vollen. Je bunter und kontrastreicher die Blütenfarben, desto besser! Ob in flachen Bodenschalen, Balkonkästen, Kübeln oder Ampeln – bei den Pflanzgefäßen ist jede Form erlaubt. Doch auch hier gilt: Fantasie und Farbe sind besonders gefragt. Verpassen Sie den Töpfen vom vergangenen Jahr doch einfach einen neuen, farbenfrohen Anstrich. Oder wie wär's mit bunten Kunststoffkörben?

▼ Ampeln sind eine gute Möglichkeit, den Balkon auch in luftiger Höhe zu begrünen. Weiße und violette Petunien ergänzen sich mit dem silbrigen Laub des Lakritzkrautes zu einem erfrischenden Blickfang.

► Hohe Pflanzgefäße setzen unübersehbare Akzente und wirken am besten in der Gruppe. Duftender Lavendel und Australisches Gänseblümchen im Zusammenspiel mit buschiger Becherblume.

TIPP

Pflanzen für die aktuelle Sommerfrische

Petunie, Lavendel, Rittersporn, Australisches Gänseblümchen, Vanilleblume, Fächerblume, Glockenblume, Männertreu, Kapkörbchen, Himmelsblume, Lupine, Elfenspiegel, Glockenwinde, Steppensalbei

▼ Blaue Pflanzgefäße unterstützen die frische Farbwirkung. Ein reizvolles Spiel bietet die Kombination von Lila- und Blautönen.

▼ Kastenkombination für sonnige Plätze. Im Laufe des Sommers wird die Blütenmischung aus Fächerblume, Petunien, Vanilleblume, Silberstrohblume und Australischem Gänseblümchen fleißig übers Balkongeländer ranken.

SOMMER FRISCHE

Wenn die Sommerhitze die Luft zum Flimmern bringt, sorgen Pflanzen in kühlen Farbtönen für wohltuende Frische. Genießen Sie jetzt den aktuellen Blütentraum in Blau-Weiß.

Dschungel Feeling

auf Terrasse und Balkon

Entspannung inmitten von Blättern und Blüten. Aus hohen Granitkübeln ranken Petunien in verschiedenen Violetttönen. Fleißige Lieschen und Celosien in kräftigem Pink bereichern das prickelnde Blütenspiel.

Ein Plätzchen im Grünen umgeben von Farnen und Gräsern. Blickpunkte sind die großen Keramikgefäße, die in Pink-Violetttönen mit Hängegeranien, Dahlien, Celosien, Vanilleblumen und Petunien bepflanzt sind.

Ein großer Kübel mit leuchtend grünem *Coleus* und Gräsern zieht alle Blicke auf sich. Dazu ein frischer Blütenmix aus zweifarbigen Petunien, Salbei, Fleißigem Ließchen und Männertreu.

Knackiges Blattgrün und Blüten als coole Farbspritzer sorgen auf der sommerlichen Terrasse für Erfrischung. Mit dieser Pflanzenkombination zieht jetzt auch bei Ihnen der coole Dschungellook ein.

Kübelpflanzungen wirken am besten, wenn die Gefäße in kleinen Gruppen zusammen gestellt werden. Mal mono, mal mit einer bunten Mischung bepflanzt, unterstützt die Farbe ihrer Glasur zusätzlich das grüne Gesamtbild.

Sonneninsel mit Landhausflair

Genießen Sie den Sommer im aktuellen Country-Style

Leben wie auf dem Land ist gefragter denn je. Und dazu benötigen Sie nicht etwa ein Häuschen im Grünen. Auch Städter und Stadtrandbewohner können sich jetzt den ländlichen Charme auf die eigene Terrasse holen. Schauen Sie selbst, wie einfach und unkompliziert es mit der richtigen Bepflanzung funktioniert.

Das macht den gepflegten Landhaus-Stil aus: Möbel aus natürlichem Material wie zum Beispiel Korb. Inzwischen gibt es Tische, Stühle und Bänke auch in hochwertiger und wetterbeständiger Ausführung. Dazu blühende Pflanzen in Pastelltönen, wie aus einem alten Bauerngarten, die in Gefäßen mit edlen Alterungsspuren zu kleinen Gruppen arrangiert werden.

Wissenswert Tipp

Welches sind die richtigen Pflanzkübel? Am besten verwenden Sie wetterfeste Tongefäße. Hell lasierte Töpfe in unterschiedlichen Formen und Größen mit künstlichen Alterungsspuren ergänzen den ländlichen Stil perfekt. Der so genannte „Shabby Chic“ lässt sich aber auch mit Terrakottagefäßen erzeugen, sofern sie entsprechend Patina angesetzt haben. Allerdings wirkt diese Variante grundsätzlich etwas rustikaler und weniger elegant.

Oben: Gedeiht auch im Kübel: Ein romantischer Rosenstock in zartem Rosé klettert an einer Rankhilfe empor. Perfekte Begleiter sind Astilbe und Schopflavendel, der sich mit der Rose zu einem wahren Duftpotpourri mischt.

Rechts: *Helichrysum* will hoch hinaus und umrankt eine Mischung aus Geranien, Begonien und Leberbalsam. Beim Bepflanzen auf die Höhenstaffelung achten: aufstrebende Pflanzen in der Topfmitte, niedrigere außen anordnen.

Links: Helle Korbmöbel laden zum Verweilen ein. Inmitten eines Topfgartens aus blauer Nessel, duftendem Silberstrauch, Lavendel und roséfarbenen Rosen ist der Alltagsstress schnell vergessen.

Blumen für den

Herbst

In der Küche

Genau das Richtige für eine Küche im coolen Look: Erikapflanzen nebeneinander aufgereiht beleben das Interieur aus Glas und Metall. So setzen sie einen erfrischenden Farbakzent, ohne dabei aufdringlich zu wirken.

Die Alternative: Wer eine dichtere Gruppierung bevorzugt, setzt einfach mehrere Erikapflanzen zusammen in ein großes Gefäß. Mitten auf dem Tisch oder auf einem Sideboard kommt ein solches Arrangement in leuchtendem Purpur am besten zur Geltung.

Wohnen mit Erika

Sie ist die unangefochtene Nummer Eins bei der herbstlichen Outdoor-Bepflanzung. Doch Erika kann weit mehr, als Balkon und Terrasse in ein leuchtendes Farbenmeer zu tauchen. Auch als „Stubenhocker“ macht sie sich hervorragend und ist dabei alles andere als langweilig. Lassen Sie Ihrer Kreativität freien Lauf.

Im Büro

Warum nicht mal Erika statt Bücher oder CDs ins Regal stellen? Die Pflanzen beleben nicht nur jedes Arbeitsumfeld, ihre Farbe wirkt zudem auch noch konzentrationsfördernd.

Die Alternative: Wer hat nicht schon einmal die Erfahrung gemacht, dass der Inhalt von Ordnungskästen deren Namen nicht unbedingt gerecht wird? Damit die Ordnung in der Plastikbox floriert, stehen hier Erikatöpfe darin.

Dicht an dicht leuchten die glöckchenförmigen Blüten von Erika aus der Familie der Heidekrautgewächse in Rot, Rosa, Pink oder auch in Weiß. Pro Pflanze können es mehrere tausend Glöckchen sein, die draußen und drinnen ihr Umfeld erstrahlen lassen. Bei der Dekoration drinnen bevorzugen sie eigentlich einen kühleren Standort, aber ein paar Tage an einem wärmeren Ort überstehen sie in der Regel ohne Schaden. Und nach gefeiertem Fest pflanzt man die Eriken einfach in den Balkonkasten, von wo aus sie ihre Betrachter bis weit in den Winter hinein erfreuen.

Im Wohnzimmer

Herbstliche Zimmerdekoration mit Durchblick: Die typischen Tontöpfe der Erika werden bei dieser Gestaltung zum Stilmittel und bleiben in dem Glasgefäß sichtbar. Ein Materialkontrast, der zum spannenden Hingucker wird.

Die Alternative: Für Freunde einer romantischen Variante bekommen die Gefäße einen rosafarbenen Anstrich sowie eine Umrandung aus Pomponband. Dazu einfach mehrere Lagen Band übereinander mit Heißkleber am Gefäßrand befestigen.

Sonnenstrahlen im Herbst

Sonnenblumen sind die Stars unter den Blüten des Herbstes. Mit ihnen rüstet sich die Natur zum großen Finale. Wen versetzen die großen Felder mit ihrer gelben Blütenpracht nicht auch in Begeisterung? Und wer wäre nicht auch schon mal der Versuchung erlegen, die eine oder andere langstielige Blüte am Feldrand zu stibitzen? Bequemer und vor allem legal gibt es die sonnengelben Blütenschönheiten natürlich auch zu kaufen. Lassen Sie sich von den goldenen Strahlen des Herbstes begeistern.

Wie Flammen scheinen die Blüten der rotbraungelben Sonnenblumen zu lodern. Dazu Kornähren und ein Erntekranz.

Hier sind die typischen Vertreter des Herbstes beisammen. Kastanien, buntes Herbstlaub in allen Schattierungen und natürlich Sonnenblumen.

Sonnenblumen unter sich. Edel und fast wie ein Gemälde wirkt dieser üppige Strauß in einer antik anmutenden Glasamphore.

Auch in einer flachen Schale lassen sich Sonnenblumen stilvoll arrangieren. Mit Beeren und Zierkürbis künden sie vom Farbspiel des Herbstes.

Traumsträuße

Die schönsten Ideen zum Verschenken

Kunterbunt und ganz natürlich. Das sind Herbststräuße, wie wir sie lieben. Blätter und Gräser gehören ebenso dazu wie Blüten und Beerenzweige. Doch am wichtigsten dabei: Prachtvoll und üppig müssen die Sträuße sein, so wie es uns die Natur in ihrem großen Finale vormacht.

▼ **Goldene Zeiten** verspricht die sonnig-gelbe Mischung aus Chrysanthemen, Blättern, Dill und Beeren der Eberesche.

▼ **Kürbisse** sind die Klassiker unter den Herbstfrüchten. Auch im Zusammenspiel mit Gräsern, Beeren und Chrysanthemen machen sie eine gute Figur.

◄ **Herbstliche Gaben** von Feld, Wiese und Garten vereinen sich zu einem opulenten Erntedank-Strauß. Besonderen Reiz hat die Kombination von Edlem und Rustikalem.

◄◄ **Kraftvoll** und voller Energie trotzt dieser Strauß der ersten Herbsttristesse. Der Clou: Unter die prächtigen Chrysanthemen hat sich ein Zierkohl gemischt.

Späte Blütenpracht

Dahlien

Lange Zeit als Bauerngartenblume verpönt, erlebt die Dahlie jetzt ihr großartiges Comeback. Zurecht, denn von äußerst schlicht bis auffallend pompös – kaum eine andere Spätsommerblume kann mit derart unterschiedlichen Blütenformen und intensiven Farbschattierungen aufwarten.

Bunte Reihe: Herbst-Pokale gefüllt mit Seerosendahlien und allerlei Beeren und Früchten. Da greift man am liebsten gleich mehrmals zu.

Ob bunt gemischt oder einzeln mit Papiermanschetten umwickelt – in Körben kommt die spätsommerliche **Blütenpracht** der Dahlien **besonders** gut zur Geltung.

Umspielt von einem **flauschigen Perückenstrauch-Kragen** thronen die **Blütentuffs aus** Pompondahlien **auf den** hohen Korbgefäßen.

EINE HERBSTBLUME SETZT SICH IN SZENE

AUF DEN PUNKT GEBRACHT

Während die Tage schon kürzer werden und die tiefer stehende Sonne für lange Schatten sorgt, läuft eine Blume erst richtig zur Hochform auf. Mit ihren strahlenden Blüten in allen nur denkbaren Farbschattierungen verlängert die Dahlie unser Sommergefühl. Und im fröhlichen Punktdesign macht die spätsommerliche Schönheit jetzt sogar im Topf eine gute Figur.

Ob im runden Topf oder länglichen Kasten – bunte Punkte ergänzen die Blütenpracht der leuchtenden Dahlien perfekt. Aus Papier ausgeschnitten, laminiert und auf Holzstäbe gespießt, umkreisen sie eine knallrote Dahlie. Oder einfach aus Filz ausgeschnitten und auf den Kasten geklebt. So punktet die bunte Dahlienmischung garantiert.

Sieg nach Punkten! Und davon haben die Punktrichter dieser Dahlie wirklich viele verliehen. Zu Recht! Denn aus festem Papier in Form geschnitten, laminiert und schichtartig aufgeklebt, verleihen sie dieser orangefarbenen Dahlie noch größere Strahlkraft. Wer es Ton in Ton liebt, beschränkt sich bei der Farbauswahl des Papiers und verwendet lediglich Orange- und Gelbtöne.

Wenn die Blüten mehrfarbig leuchten, setzen bunte Punkte zusätzliche Akzente. Als Pompons auf Peddigrohrringen befestigt, schmeicheln sie der Dahlie in ihrem schlanken, hohen Zinktopf. Aus Papier und mit Folie überklebt, schmücken sie den Topf einer besonders üppigen Strahlendahlie.

Gewusst?

Ursprünglich stammt die Pflanze aus dem mexikanischen Hochland. Erst zur napoleonischen Zeit eroberte die Blütenschönheit Europa und erstrahlte in den kaiserlichen Gärten Joséphine Beauharnais'. Heute sind mehr als 30.000 Dahliensorten bekannt, die natürlich auch auf privaten Terrassen und Balkonen ihren Charme verbreiten.

Eine runde Sache ...

Ob zum Geburtstag, Jubiläum oder auch ohne besonderen Anlass: Mit einer selbstgemachten Tischdekoration wird jede Feier noch mal so schön. Wie wäre es mit einer bunten Tafel voller Blütenkugeln? Probieren Sie's einfach aus. Und jede Wette: Ihre nächste Party wird garantiert eine runde Sache.

Hier tanzt keiner aus der Reihe! Kleine Plastikbälle sind mit einem Loch und mit Tapetenkleister versehen und buntem Papier beklebt. Zum Schluss werden die Bälle vorsichtig mit Wasser gefüllt und mit Blüten besteckt.

Bunte Kugeln in verschiedenen Größen werden zu unkonventionellen Vasen, die fröhlich über die Tafel kullern. Denkste! Damit genau das nicht passiert, bekommen sie kleine Füße aus Perlen und Stecknadeln oder werden auf Wachsblumen-Untersetzer gesetzt.

Zum Bekleben oder als Umwicklung der Steckschaumkugeln eignen sich Blätter, flauschige Bänder, Sisalfaser oder getrocknete Hortensienblüten, die mit Draht fixiert werden. Orchideenröhrchen dienen der Wasserversorgung.

Eine einzelne Rose mit beschrifteter Wachsblüte verrät jedem Gast, wo er sitzt.

Natürlicher Halt

So bekommen einzelne Blüten den richtigen Stand

Wer kennt die Situation nicht: Man hat ein paar einzelne Blüten im Garten oder am Wegesrand gepflückt und dafür keine passende Vase zur Hand. Alle zu groß, um den wenigen Stängeln den nötigen Stand zu geben. Handgeformte Steckhilfen aus natürlichem Material sind jetzt die dekorativen Retter in der Not.

Grasbüschel. Der neueste Dekohit und noch dazu sehr hilfreich. Die bunte Gartenblumenmischung wird in Steckschaum gesteckt, der dekorativ mit Gras ummantelt ist. Dazu wurde das Gras mit Draht zu Büscheln zusammengefasst und daran im Steckschaum befestigt. Erst dann die Blumen einstecken.

Holzband. Rustikal und dabei äußerst attraktiv. Die Steckhilfe aus Holzband (Baumarkt) wird Schicht für Schicht locker zur Kugel gewickelt. Dabei die einzelnen Lagen untereinander mit einem Tacker fixieren und darauf achten, dass das Band nicht bricht. Die Blütenstiele durch das Bandgewebe ins Wasser stellen.

Wickenranken. Eine einfache Lösung, die auch Ungeübten leicht gelingt. Die wilden Wickenranken werden vorsichtig mit der Hand zu einer Kugel geformt und in die Glasvase geklemmt. Die Kugel richtet sich in ihrer Größe nach der Weite der Gefäßöffnung und sollte möglichst nicht im Wasser liegen.

Clematisranken. Schlicht, aber wirkungsvoll erweisen sich hier die Ranken der Clematis als praktische Blütenhalterung. Im Gefäß versteckt sich Steckschaum, durch den die Skabiosen mit der nötigen Feuchtigkeit versorgt werden. Die Ranken kaschieren diesen und geben zusätzlichen Halt.

Wissenswert – Gewusst?

! Beim Einstellen von einzelnen Blüten in große Gefäße erweisen sich **Haushaltsgummibänder** als äußerst hilfreich. Dazu benötigen Sie lediglich eine würfel- oder quaderförmige Vase, die Sie kreuz und quer wahlweise in regelmäßigen oder unregelmäßigen Abständen bespannen. Die Zweige oder Blüten werden zwischen die Gummibänder eingestellt.

! Eine alte durch Ikebana bekannte Hilfstechnik aus Asien ist der Blumenigel, der so genannte **Kenzan.** Er besteht aus schwerem Blei und Stahlnägeln, auf die die Blütenstiele gespießt werden. Da er nicht sonderlich dekorativ ist, sollte man den Kenzan jedoch mit natürlichen Materialien wie Steinen oder Blättern verdecken.

! Auch **Sand** gibt einzelnen Blüten oder Zweigen den nötigen Halt. In Vasen mit entsprechender Höhe werden Stängel oder Zweige direkt in den Sand gesteckt. Anschließend das Gefäß mit Wasser auffüllen. Durch seine Dichte und Schwere wird der Sand sich stets am Boden der Vase absetzen.

! In durchsichtigen Glasvasen kommen **Kieselsteine oder Muscheln** vom letzten Strandurlaub gut zur Geltung. Füllt man das Gefäß mit Wasser auf, können die Blütenstiele zwischen die Fundstücke gesteckt werden.

beerenstark

Beeren sind viel mehr als nur die Statisten des Herbstes. Viel zu selten kommt ihnen unsere Aufmerksamkeit zu. Farbenprächtig, vielgestaltig und auffällig werden sie in diesen Sträußen zu Hauptdarstellern.

Deko

Beeren & Früchte

Brombeere, Johanniskraut, Feuerdorn, Sanddorn, Pfaffenhütchen, Hagebutte, Torfmyrte, Eberesche, Holunder, Schneeball, Efeu, Pfeffer, Schneebeere, Skimmie, Ilex, Zierquitte, Rebhuhnbeere, Mahonie

Die Beeren von Felsenmispel, Kermes und Schneeball vervollkommnen die farbenfrohe Herbstmischung. Dazu ein fröhlicher Kragen aus Früchten der Lampionblume.

Wissenswert Tipp

Eine schnell gemachte und besonders herbstlich wirkende Gesteck-Idee für den Tisch: Ähren und Beeren sind lange haltbar und können je nach Lust und Laune um eine frische, große Blüte in der Mitte ergänzt werden. Besonders gut geeignet für die Blütenumkränzung sind Weizen-, Roggen- und Gerstenähren.

▲ Zurückhaltung der Blüten zugunsten der Beeren: Eine einzelne Rose bildet den Akzent inmitten der Beerenfülle.

◄ Ein Strauß, der einerseits durch seine Vielfalt an unterschiedlichen Beeren, andererseits durch den weitgehenden Verzicht auf Blühendes besticht.

BLATT FÜR BLATT

Die schönsten Gestaltungsideen für Ihr Zuhause

Wenn der goldene Herbst Einzug in unsere Wälder hält und alles in warme leuchtende Farben taucht, bringt ein Spaziergang den richtigen Ausgleich für gestresste Gemüter. Wer ließe sich dabei nicht auch von der Vielfalt der herabgleitenden Blätter begeistern? Bei wem weckt das eine oder andere Exemplar nicht auch eine kindliche Sammelleidenschaft? Wieder zu Hause schmücken die dekorativen Fundstücke herbstliche Sträuße und Gestecke.

Auf Herbstlaub gebettet: Eine Manschette aus gemischtem Laub ist der schmückende Rahmen für den herbstlichen Strauß. Als unsichtbarer Untergrund dient ein Pappring, auf den die Blätter aufgeklebt werden.

Als neue Herbstgarderobe für den Übertopf des Gerberagestecks machen sich die bunten Blätter gut. Dazu werden sie in frischem Zustand schuppenartig mit Sprühkleber auf den Topf aufgebracht.

So sind die Mitbringsel vom Spaziergang schnell drapiert: Die Blätter mit Stängel einfach bündeln, auf einen Holzspieß schieben und in den Chrysanthementopf stecken. Eine herbstliche Frucht krönt das kleine Arrangement.

Wissenswert – Gewusst?

! Ein Werkstoff der Zukunft.

Wohin mit dem vielen Laub im Herbst? Bestenfalls wird es kompostiert. Aus Blättern lassen sich aber auch Dämmmaterial, Autoverkleidungen oder Möbel fertigen. Ein Expertenteam hat hierzu ein Verfahren entwickelt, das Laub zu einem geeigneten Holzersatzstoff macht.

! Laub ist der Schmuck der Natur im Herbst.

Bei einem Herbstspaziergang gesammelte, schön gezeichnete Blätter lassen sich leicht zu dekorativen Ketten auffädeln. Spätsommerliche Beeren dazu und schon zieht der Herbst auch zu Hause ein. Ganz Mutige tragen Ketten aus kleinen Blättchen um den Hals.

? Hätten Sie's gewusst?

Frisches Laub von Nussbäumen kann im Garten schädlich sein. Die Inhaltsstoffe können das Wachstum von Gemüse und Blumen hemmen. Wird das Laub aber kompostiert, werden die schädlichen Stoffe abgebaut. Wichtig ist hierbei eine gute Mischung mit anderen Laubarten und üblichen Gartenabfällen.

Feuerwerk der Farben

Der Herbst bietet eine so opulente und vielfältige Blütenpalette, dass man sich gar nicht daran satt sehen kann. Starten Sie jetzt mit einem farbenprächtigen Finale in die dritte Jahreszeit.

Hochstämmchen können jeweils saisonal mit entsprechenden Blühern unterpflanzt werden. **Tipp:** Schmücken Sie Ihr Bäumchen doch mal mit aufgefädelten Physalis-Früchten oder kleinen Zieräpfelchen.

Herbstlicher Schmuck auf der Fensterbank oder am Balkongeländer. **Tipp:** Äpfel setzen auf Holzstäbe gespießt stimmungsvolle Farbtupfer zwischen Kräutern und Kleinblütigem.

Stellflächen für farbenprächtig bepflanzte Gefäße finden sich überall. **Tipp:** Nutzen Sie Treppenabsätze, Fensterbänke, Mauervorsprünge, Stühle oder wie hier eine Bank, um eine Bepflanzung besonders zur Geltung zu bringen.

Den herbstlich gefüllten Korb dominiert eine orange Chrysantheme in der Mitte. **Tipp:** Kombinieren Sie Blühpflanzen mit Blattschmuckpflanzen und Gräsern, so entsteht eine abwechslungsreiche Mischung.

Herbstliche Blickfänge locken die Spätsommersonne. Erika, Gräser und Kürbisse, natürlich in Körben dekoriert, zaubern eine lauschige Atmosphäre und lassen selbst als niedrige Monobepflanzung trübe Herbststimmung gar nicht erst aufkommen.

Erika

der Herbst ist da!

Der Herbst ist die Zeit der intensiven Farben. Überall leuchten uns Bäume und Felder in den schönsten und wärmsten Gold- und Rottönen entgegen. Und auch zu Hause bekommt die Dekoration mit Erika und herbstlichen Accessoires ein neues Kleid, das die letzten warmen Sonnenstrahlen einfängt und mit seinen intensiven Farben den ersten kühleren Tagen trotzt.

Damit der Herbstwind Spielgefährten bekommt, gesellen sich hohe Gräser und lange Bänder zur Erika. Eine Ménage-à-trois in Keramikgefäßen zeigt Vielfalt und schafft eine attraktive Farbfläche.

Zier für jede Outdoortafel: Herbstlich aufgetischt sind Erika, kombiniert mit attraktiven Blattschmuckpflanzen und Kürbissen.

PRETTY IN PINK

Die Kombination von gleichen Gefäßen in unterschiedlichen Höhen macht den Reiz aus. Wichtig: Bei der Bepflanzung muss sich in jedem Topf der Grundton Pink wiederfinden.

Warum nicht einmal die herbstlichen Sitzplätze in dieser sinnlichen Farbe genießen? Die richtigen Blüten- und Blattstauden zusammengepflanzt, und schon heißt es: Pretty in Pink!

Ein üppiger Blütentuff aus Veronika, Chrysanthemen und Erika. Blau-lila Enzian und Günsel ergänzen das purpurne Farbspiel.

PFLANZEN FÜR DEN TRAUM IN PINK

Blüten:	Erika, Alpenveilchen, Chrysantheme, *Calluna*, Fetthenne, *Celosia*
Beeren:	Torfmyrte, Rebhuhnbeere, *Skimmia*
Blätter:	Bunt- und Mahagonigünsel, Purpurglöckchen, Purpursalbei, Zierkohl, Fächerahorn

Blattschmuckpflanzen bereichern die Kombination von Herbstblühern und unterstützen ebenso die purpur-violette Farbgebung.

Strahlendes

Come-together

Wenn Kübel und Töpfe im leuchtenden Herbstgewand erstrahlen sollen, kommt es auf die richtige Kombination von Farben und Pflanzen an. Wir zeigen Ihnen, wie's geht.

Ton-in-Ton und doch gar nicht langweilig zeigt sich hier die Terrassendekoration. Bei Pflanze und Gefäß finden sich nur Farben aus dem Purpur-Bereich. Alpenveilchen, Erika, Chrysantheme und *Heuchera* zeigen sich in der Königsfarbe, lediglich grüne Blattschmuckpflanzen setzen Akzente.

Links Alpenveilchen, *Heuchera,* Veronika, Erika – sie alle tragen ihr Purpurgewand und strahlen mit der Herbstsonne um die Wette. Glitzernde Lichtreflexe auf dem Metallgefäß kitzeln das Auge.

Unten Auch die Blätter vom Perückenstrauch glitzern in der Sonne und geben dem Alpenveilchen, der Heide und Chrysantheme optische „Rückendeckung". Gefäße mit rustikalem Charme passen zur Jahreszeit.

Oben Im Hanging Basket haben *Heuchera,* Fetthenne und Pfennigkraut einen edlen Begleiter: Der Enzian strahlt in Royalblau und erzeugt einen wunderbaren Farbkontrast zu den Purpurtönen.

FARBINTENSIVES ZUSAMMENSPIEL

1 
2 
3 
4 
5 
6 
7 
8 

1 Die winterharte Fetthenne besticht durch ihren Artenreichtum und ihre Genügsamkeit. 2 Er ist mit seinen farbenfrohen Blättern ein Highlight im herbstlichen Pflanzkübel: der Zierkohl. 3 Erika ist als pflanzliches Wahrzeichen des Herbstes natürlich auch mit von der Partie. 4 Enzian soll vor Hexen und giftigen Spinnen schützen. Er bekommt einen Ehrenplatz. 5 Das leuchtende Alpenveilchen ist gern gesehener Gast der spätsommerlichen Bepflanzung. 6 Die Früchte der Scheinbeere setzen leuchtende Akzente zwischen Blüten und Blättern. 7 Die Chrysantheme bringt Farbenfreude bis weit in den Herbst hinein. 8 Die Blüten der Irischen Glockenheide sind besonders groß und hängen leuchtend an den Stängeln.

PURPUR
Die Farbe der Könige

Purpur bis Grün, Violett bis Dunkelrot. Die Fülle der gestalterischen Möglichkeiten ist schier unendlich. Rund um Erika, Herbstastern und die ausdrucksstarke Blattstauden brilliert der Herbst.

Am besten entscheidet man sich für eine verbindende Grundfarbe. Abwechslung kommt durch unterschiedliche Pflanzen ins Spiel. Unsere Empfehlung in Violett: Erika, Chrysanthemen, Fette Henne und Alpenveilchen, kombiniert mit Gräsern oder anderen Grünpflanzen. Oder setzen Sie doch mal einen purpurfarbenen Zierkohl dazwischen. Alle Pflanzen eignen sich sowohl für Kübel und Schalen, als auch für Kästen.

Ein wahres Prachtexemplar! Kugelrund und prall gefüllt mit allem, was der Herbst zu bieten hat. Der Deckel setzt dem Ganzen die Krone auf.

Zeit für Kürbis und Co.

Halloween

Nach altem keltischen Brauch leitet das Herbstfest Halloween die kalte und dunkle Jahreszeit ein. In der Nacht vom 31. Oktober zum 1. November, so glaubten die Kelten, schwebten böse Geister und Hexen durch die Lüfte, und der Totengott holte die Seelen der verstorbenen Sünder. Um die Menschen vor den Mächten des Bösen zu schützen, entfachte man daher Schutzfeuer und veranstaltete allerlei Schabernack und Mummenschanz. In Amerika heute weit verbreitet, gewinnt das farbenfrohe Spektakel auch hierzulande immer mehr Freunde. Immer häufiger werden schrille Partys gefeiert, immer öfter sieht man schon ab Mitte Oktober leuchtende Kürbisfratzen vor den Hauseingängen.

Als Tischdeko für die Fensterbank, zum Verschenken, zu zweit oder im Dutzend – die kleinen Zierkürbisse können Sie entweder schon fertig gefüllt kaufen, oder Sie werden selbst aktiv! Dafür die Kürbisse aushöhlen, mit feuchter Steckmasse füllen und eine Herbstblüte einstecken. Fertig!

Geister Tanz

Die größte Beere der Welt hat im Herbst ihren großen Auftritt. Vor allem zu Halloween, in der Nacht zum 1. November, dürfen Kürbisse als leuchtende Laternen und gruselige Fratzen nicht fehlen. Wer beim Spektakel mit dabei sein will, sollte sich rechtzeitig seinen Kürbis sichern und mit der Schnitzerei beginnen.

Kürbisdeko

Fratzen und freche Gesichter sind zwar fast unverzichtbar, um die nächtlichen Geister zu vertreiben, aber auch ornamentale Schnitzereien sind äußerst dekorativ. Gekonnt ausgeführt und nett arrangiert, zieren sie auch lange nach Halloween noch Terrassen, Balkone oder Fensterbretter.

Kürbiskerze

Wer nicht selbst zu Messer und Schnitzwerkzeug greifen mag, kann die Nacht mit dekorativen Kerzen in Kürbisform erhellen. In den Wochen vor Halloween sind sie in verschiedenen Varianten in vielen Geschäften erhältlich. Als Tischdekoration oder in Fensternischen erfreuen sie nicht nur die Kinder.

Kürbiskopf

Bei diesem einäugigen Piraten muss jeder schmunzeln. Der Kürbis wird entweder an der Hinterseite geöffnet, oder man schneidet von oben einen Deckel ab und höhlt die Frucht mit einem Löffel aus. Ein Teelicht bringt den Kürbiskopf zum Leuchten, seine Piratenklappe wird aus schwarzer Pappe und Draht gebastelt.

TIPP

Für einen ornamentalen Kürbisschmuck sollten Sie die Muster zur Sicherheit mit einem Stift auf der Frucht vorzeichnen.

Zum Einritzen das Messer schräg an der Schale ansetzen und erst von der einen, dann von der anderen Seite an der Linie entlangfahren. Dabei entsteht ein keilförmiger Ausschnitt, der das Muster gut erkennen lässt.

Kleinere Unebenheiten bei der Schnitzerei eventuell nacharbeiten. Besonders schön wirken Schneckenornamente, aber auch andere Muster wie Sterne, Rauten oder Mäander sind durchaus dekorativ.

KÜRBIS

Erleuchtung garantiert. Ein Patisson-Kürbis wird zum außergewöhnlichen Kerzenhalter.

KÜRBISSUPPE

1 flachrunder Speisekürbis von 2 kg (z. B. 'Roter Zentner'), 1/4 l Gemüse- oder Fleischbrühe, 1/8 l Sahne, 1 Tasse geriebener Emmentaler oder Gruyère, je 1 TL Salz, Pfeffer, Muskat, geriebener Ingwer, Dill

Den Kürbisdeckel abschneiden und mit einem Löffel Fasern und Kerne entfernen. Alle angegebenen Zutaten in den Kürbis geben, Deckel wieder aufsetzen und auf einem Backblech bei 180 °C 45-60 Minuten garen. Anschließend mit einem Löffel das Kürbisfleisch abstechen (dabei einen Rand von ca. 1 cm lassen). Mit dem Pürierstab nun das gesamte Innere pürieren. Ist die Suppe zu dickflüssig, einfach heiße Brühe unterrühren. Die Suppe im Kürbis servieren und mit Dill überstreuen.

KULT . . .

◀ Kürbislichter erleuchten die Tafel. Zierkürbisse aufschneiden, aushöhlen und Teelichte einsetzen.

◀ Jedem Gast seinen Kürbis. Dafür Zierkürbisse an einer Seite einritzen und ein Namensschildchen aus Pappe einsetzen.

▼ Hier weiß jeder, was der Partyanlass ist. Einfach beschriftete Papierstücke an Holzspießen als Fähnchen in die Kürbisse stecken.

Fröhliche Gruselparade

Ende November treiben die Geister und Hexen wieder ihr Unwesen. Für alle, die den Spuk von der humorvollen Seite berachten, sind hier die schaurig schönsten Dekoideen.

► Die kleine Hexe hat offensichtlich ihre Kopfbedeckung vergessen. Unter dem spitzen Hut aus Draht und Moos schaut ein buntes Herbstgesteck hervor.

◄ Gleich geht die Party los! Schnell noch einen Chrysanthementopf in die Tüte und Kulleraugen sowie eine künstliche Karotte als Nase daran befestigt. Und fertig ist ein Mitbringsel zum Schmunzeln.

▲ Ein bisschen Grusel muss an diesem Abend sein, auch bei der Tischdeko. Über das kleine Gesteck aus Erika, Kürbis und Beeren krabbeln selbstgemachte Spinnen aus Moosgummi.

◄ Das Körbchen ist schnell gefüllt. Ein paar Astern, Beeren und Blätter bilden zusammen mit kleinen Kürbissen ein herbstliches Potpourri. Am Henkel baumelt eine künstliche Spinne für den Halloween-Effekt.

► Jetzt beginnt das Spektakel. Der Kürbis darf dabei natürlich nicht fehlen. Ausgehöhlt und mit allerlei herbstlichen Blüten und Früchten gefüllt, ist er ein echter Hingucker.

Blumen für den

Winter

UNSER PFLANZENTIPP:

Amaryllis

Die weit verbreitete Zwiebelpflanze stammt aus Südamerika und heißt eigentlich Ritterstern oder Hippeastrum. Wer sich im Dezember an ihren fantastischen Blüten erfreuen will, sollte rechtzeitig die Zwiebeln antreiben.

1 Es gibt über 70 verschiedene Arten des Rittersterns. Spätestens ab dem Herbst sind die Zwiebeln überall in Gartencentern erhältlich. Zum Antreiben die Zwiebel einen Tag lang in eine Schale mit lauwarmem Wasser legen.

2 Einen Topf mit nährstoffreicher Erde füllen und die Zwiebel so einsetzen, dass etwa ein Drittel aus der Erde herausragt. An einen warmen Ort stellen, eventuell mit einem Papierhütchen abdecken und sparsam gießen.

3 Nach 4 – 6 Wochen zeigen sich die ersten Triebe, sind sie etwa 10 cm lang, muss die Pflanze unbedingt ins Helle gestellt werden, ideal ist ein Platz am Fenster bei 15 – 20 °C. Nach weiteren 4 – 6 Wochen sind die ersten Blüten voll entwickelt.

4 Für eine üppige Blüte im nächsten Jahr, müssen die Blütenschäfte nach der Blühzeit entfernt werden. Während der folgenden Wachstumsphase benötigt die Pflanze ausreichend Licht und Wasser. Ab August die Wassergaben reduzieren und dann ganz einstellen. Für die Ruhephase der Pflanze die verwelkten Blätter abschneiden, die Zwiebel aus der Erde nehmen und an einem dunklen, kühlen Ort lagern.

3

1

2

4

Linke Seite: Amarylliszwiebeln haben so viel Kraft, dass sie sogar ohne Erde und Wasser ihre Blüten treiben können. Ein dekoratives Drahtgeflecht setzt die Zwiebel gekonnt in Szene.

Links: Wer es besonders weihnachtlich liebt, stellt rote Amaryllis in rote Übertöpfe und schmückt sie mit Filzsternen in der gleichen Farbe.

Oben: Herausgeputzt wie eine Diva. Zarte Federkränze schmücken die auffälligen Blüten zusätzlich. Die Erde im Topf ist mit Kokosfaser und Peddigrohr abgedeckt.

Sternstunden

Poinsettien verbreiten weihnachtliches Flair

Weihnachtssterne zeigen sich in der Adventszeit von ihrer strahlendsten Seite. Die roten Sterne der Poinsettien, wie die Weihnachtssterne auch genannt werden, leuchten weithin sichtbar und verbreiten eine feierliche Atmosphäre. Da wundert es nicht, dass ihr botanischer Name Euphorbia den Zusatz pulcherrima, die Schönste, trägt.

Glanzlichter für eine harmonische Kaffeetafel. Die unterschiedlichen Farben der Poinsettien machen bei dieser Tischdekoration den besonderen Reiz aus. Kugeln und Becher greifen den Farbkontrast geschickt auf, Korbgefäße erzeugen eine natürliche Ausstrahlung.

Oben links: Schlichte Eleganz, wie sie eindrucksvoller kaum zur Wirkung kommen kann. Ein Poinsettien-Hochstämmchen erhebt sich in den klassischen Weihnachtsfarben Rot und Grün strahlend über ein weißes glänzendes Gefäß. Fast schon sanft und fedrig erscheinen die Kiefernzweige, mit denen die Erde abgedeckt ist.

Oben rechts: Zartes trifft Raues. Die feinen roten Hochblätter der Weihnachtssterne finden in den kantigen Zapfen des Kranzes einen eindrucksvollen Kontrast. Ohne ihre Wirkung zu beeinträchtigen, stellen die Zapfen einen harmonischen Partner für die Poinsettien dar.

Links: Eine schlichte weiße Schale, Äpfel und eine Poinsettie – fertig ist ein weihnachtliches Ensemble, das sich nahezu in jeden Wohnstil einfügt. Und wenn es schon draußen nicht schneit, dann vermitteln weiße, flauschige Pompons einen Hauch von Winter.

Wissenswert – Gewusst?

! Will man Poinsettien als Schnittblumen verwenden, hält man die Schnittstelle kurz über eine Kerzenflamme oder in heißes Wasser, damit sie nicht ausbluten. **Vorsicht: Ihr Saft ist giftig.** Alternativ kann man auch die Wurzeln der Weihnachtssterne sorgfältig auswaschen.

? Eine Pflanze mit den Eigenarten einer Diva? Das gibt's: Poinsettien benötigen, genau wie die Stars und Sternchen aus dem Showbiz, ihren **Schönheitsschlaf.** Als Kurztagspflanzen bildet sich die Blattfärbung der Weihnachtssterne nur dann aus, wenn sie weniger als 12 Stunden Licht am Tag bekommen. Um ihnen ein Klima wie in ihrer Heimat am Äquator zu schaffen, werden in unseren Gärtnereien die Nächte der Weihnachtssterne durch Verdunkelung künstlich verlängert.

! Euphorbia pulcherrima **schmückt sich mit falschen Blüten.** Denn das, was da so leuchtend rot in Sternform erstrahlt, sind keine Blüten, sondern Hochblätter, sogenannte Brakteen. Die eigentlichen Blüten sind klein und gelb und sitzen im Zentrum des Hochblätterkranzes.

? Wussten Sie, dass der Name Poinsettie auf den **amerikanischen Botschafter Joel Robert Poinsett** zurückgeht? Dieser hat den Weihnachtsstern zu Beginn des 19. Jahrhunderts von Mexiko in die USA gebracht, von wo aus das Wolfsmilchgewächs seinen Siegeszug in die ganze Welt antrat.

Mit praktischen Tragegriffen und warm eingepackt im Pelzmäntelchen. Ein freches Outfit für den roten Weihnachtsklassiker.

Zusammen mit glänzenden Baumkugeln ergeben die Weihnachtssterne in einer großen, flachen Schale ein Arrangement der Extraklasse.

Stars und STERNCHEN

Zur Dekoration der eigenen vier Wände oder als Geschenk für liebe Freunde – in der Advents- und Weihnachtszeit hat der Weihnachtsstern seinen festen Platz.

Ob pur in schlichter Eleganz oder in einem avantgardistischen Arrangement – der Weihnachtsstern erfreut sich zunehmender Beliebtheit. Seine Vorliebe für eine warme Umgebung macht ihn zum idealen Mitbewohner in beheizten Wohnräumen. In seiner mexikanischen Heimat wächst er dagegen als meterhoher Strauch in der freien Natur. Schon die Azteken schätzten die auffällige Pflanze und glaubten, ihr strahlendes Rot stamme aus den Blutstropfen des gebrochenen Herzens einer Göttin.

Mittlerweile gibt es zahllose neue Sorten als Hochstamm, Ampel oder in Pyramidenform. Die Farbpalette reicht vom klassischen Rot über Bordeaux, Apricot, Rosé und Cremeweiß bis zu zweifarbigen Exemplaren. Hat der Weihnachtsstern im Frühling seine farbigen Hochblätter verloren, wachsen im Sommer reichlich frische grüne Blätter nach. Und wer geduldig ist, den wird die Pflanze nach einer mehrwöchigen Verdunklungsphase pünktlich zur Weihnachtszeit mit neuer Farbenpracht erfreuen.

Rechts: Warum immer nur den Baum schmücken? Dem Weihnachtsstern stehen Engelshaar und Glasschmuck bestens zu Gesicht.

Links: Zum Verschenken fast zu schön. Daher am besten gleich zwei der apfel- und kranzgeschmückten Sterne im Goldtöpfchen fertigen.

Alpenveilchen im Topf sind eine tolle Geschenkidee und passen zu fast jedem Anlass. Denn mit ein bisschen Fantasie und Bastelgeschick werden aus gewöhnlichen Fensterbankgesellen die attraktivsten und schönsten Mitbringsel. Besonders weihnachtlich wird's, wenn die Pflanzen eine Topfummantelung aus duftenden Gewürzen bekommen.

Oben: Alpenveilchen in einen wasserdichten Topf setzen. Den Topf in einem großen durchsichtigen Glasgefäß platzieren und den Zwischenraum mit Gewürzen, Zapfen, Nüssen und Sternen füllen. Aus Koniferengrün und Golddraht ein dünnes Kränzchen wickeln und über den Gefäßrand hängen.

XMAS-LOOK für ALPENVEILCHEN

Linke Seite: Alpenveilchen mit Topf in eine alte Suppendose setzen. Diese mit doppelseitigem Teppichklebeband bekleben und lange Zimtstangen darauf befestigen. Zum Schluss mit Schmuckband umwickeln.

Links: Eine kugelförmige Vase mit Goldspray einsprühen. Aus goldenem Engelshaar einen „Kragen" formen, auf den Vasenrand legen und mit Gewürzen, kleinen Zapfen, Beeren etc. bekleben. Zum Schluss die Pflanze einsetzen.

TIPP:

- Beim Kauf von Alpenveilchen immer kompakte Pflanzen mit kurzen, kräftigen Blattstielen und vielen Blütenknospen wählen.
- Alpenveilchen brauchen einen kühlen und hellen Standort, sonst wachsen die Blattstiele in die Länge, werden schlaff, und die Blüten fallen ab.
- Um Fäulnis zu verhindern, verwelkte Blüten stets mit komplettem Stiel vorsichtig herausziehen.
- Die Pflanze nur von unten wässern, niemals auf die Knolle gießen.

Rechts: Surprise, surprise! Die selbst genähten Filzsäckchen sind auf einem Koniferenkranz befestigt und mit lauter kleinen und dekorativen Überraschungen gefüllt. Das macht Freude!

Unten: Es darf ein bisschen mehr sein! Gleich acht hohe Kerzen, goldene Drahtschnecken und kleine Spiegelchen bringen den schlichten, aber eleganten Eibenkranz zum Strahlen.

Rechts: Wie mit dem ersten Frost überzogen und täuschend echt. Da Früchte und Beeren des Kranzes aus Kunststoff sind, braucht man sich über dessen Haltbarkeit keine Gedanken zu machen.

Der neueste Schick für Adventskränze

Egal ob klassisch rot oder bunt gemixt – hier sind die neuesten Ideen, die bei Familie und Freunden garantiert gut ankommen.

Fröhliches Lichterspiel. Das prächtige Kerzenensemble rahmt ein zierlicher Kranz aus Koniferengrün mit allerlei bunten Perlen und Pompons am Draht.

Geliebte Tradition

Der Kranz gehört zum Advent einfach dazu. Mit jeder seiner angezündeten Kerzen steigert sich die Vorfreude auf das näher rückende Weihnachtsfest. Vor allem für die Kinder mag dies gelten. Doch auch die meisten Erwachsenen möchten in der Vorweihnachtszeit nicht auf die stimmungsvollen Lichterkränze verzichten. Ob aufgehängt oder hingestellt, die klassische Kombination von Rot und Grün erfreut sich dabei der größten Beliebtheit.

◄ Ganz ohne Tannengrün und trotzdem weihnachtlich. Wer will, kann diesen Kranz aus Ranken, Efeu, Beeren und Kastanien aber schon vor dem ersten Advent aufhängen.

▲ Die klassische Variante: der Kranz aus Blautanne mit vier roten Kerzen. Von der Decke herabhängend, bietet er die Möglichkeit, allerlei weihnachtliche Requisiten daran baumeln zu lassen.

◄ Apfel, Nuss und Mandelkern zieren den Kranz aus gemischtem Grün. Dazu selbstgemachte Lebkuchen und natürlich rote Kerzen.

► Vier Kerzen, aber ohne Kranz. Stattdessen ein Gesteck aus grünen Heckenzweigen und weihnachtlichen Accessoires, das für heimelige Atmosphäre sorgt.

Wissenswert – Gewusst?

✻ Den Adventskranz verdanken wir der Erfindung eines Seelsorgers. Der Hamburger Pastor Johann Hinrich Wichern gründete 1833 das „Raue Haus", in dem er vernachlässigten Kindern und Jugendlichen ein Heim gab. Um den Kindern in der Adventszeit ein Gefühl von Erwartung und Freude zu vermitteln, ließ Wichern 1939 einen Holzkranz mit über zwei Metern Durchmesser anfertigen, den er mit roten Kerzen für alltags und weißen Kerzen für die Adventssonntage schmückte. Ab etwa 1860 dekorierte man den Holzkranz dann auch mit grünen Zweigen. Der immergrüne Tannenkranz mit vier Kerzen, wie wir ihn heute kennen, entstand, als Wichern in Berlin die Leitung eines weiteren Waisenhauses übernahm und auch dort nicht auf einen Lichterkranz verzichten wollte.

Ein Hauch von LUXUS

Ob prächtig golden oder üppig mit Früchten und Kerzen geschmückt – diese Kränze machen Lust auf mehr.

1 Hier erstrahlen an jedem Adventssonntag gleich zwei Kerzen und leuchten mit dem Kranz aus Engelshaar um die Wette. Eine farblich abgestimmte Kalla ist dezent geschmückt und setzt einen weihnachtlichen Akzent.

2 Ton-in-Ton in sinnlichem Orange-Rot. Ein Adventskranz, dicht mit Zieräpfeln besteckt, strahlt auf moderne Art Natürlichkeit aus. Und je nach Geschmack lässt sich diese Variante auch im Mini-Format gestalten.

3 Kleine Kugeln und Spiegelbeeren im schillernd-festlichen Miteinander. Eine gelungene Verbindung, die trotz buntem Farbmix sehr festlich wirkt.

4 Ein Stern aus Golddraht passt zur festlichen Zeit. Der Kranz selbst erstrahlt in einer raffinierten Variante des traditionellen Rot-Grüns. Dabei werden die Blätter einfach mit Schmucknadeln am Kranz fixiert.

Das ist Natur pur. Der Adventskranz aus groben Aststücken trägt Zweige und Zapfen als Zier. Bei den Accessoires kommen Materialien wie Holz, Pappe und Filz zum Einsatz. Damit es richtig leuchtet, zieren gleich acht Kerzen den Kranz.

Draußen endlose Schneelandschaften und klirrende Kälte, drinnen Gemütlichkeit, helle Farben und schlichte, natürliche Accessoires – so stellt man sich Weihnachten im Norden vor. Da es bei uns ja meist mit der weißen Weihnacht nicht so richtig klappt, soll doch wenigstens die Dekoration ein wenig Nordic-Feeling vermitteln.

WEIHNACHTSZEIT

So feiert man im hohen Norden

IN SKANDINAVIEN

Oben: Elch und Rentier dürfen beim Nordic-Look nicht fehlen. Ein Adventskranz aus Buchsbaum und Koniferengrün ist für Ole und andere Geweihträger die richtige Unterlage. Der lackierte Metallkranz hat in Skandinavien Tradition.

Oben rechts: Für einen Farbkontrast zum Weiß des Topfes sorgt eine rote Kerze. Aufgefädelte Materialien aus der Natur wie Apfel- oder Orangenscheiben unterstreichen die natürliche Ausstrahlung.

Rechts: Am 13. Dezember ist in Schweden Luciatag. Die Heilige Lucia starb im 4. Jh. n. Chr. auf Sizilien den Märtyrertod, weil sie verfolgten Christen Nahrungsmittel brachte. Um die Hände frei zu haben, trug sie einen Lichterkranz auf dem Kopf. Heute überraschen die Töchter an diesem Tag ihre Eltern mit Selbstgebackenem.

ES WERDE Licht

▲ Kranz im Doppelpack. Ein Duo, das durch Kontraste besticht: goldener Schimmer kontra Juteoptik. Dazu bunte Kugeln, eine Orchidee – und die Kerze ist perfekt in Szene gesetzt.

▲ Schlicht und raffiniert zugleich. Ein kleiner Kranz, besteckt mit samtigen Blättern und goldenen Nadeln, schmeichelt der dicken Stumpenkerze. Ideal fürs Kuschelambiente!

► Nicht nur Pflanzen, sondern auch Kerzen haben im Topf ihren großen Auftritt. Doch eine Kerze kommt selten allein: rote Scheinbeeren, Zapfen und Zimtstangen sind ihre Begleiter.

Was wäre die erwartungsvolle Adventszeit ohne stimmungsvollen Kerzenschein? Zusammen mit Grün und glitzernden Accessoires wird es jetzt wohlig und weihnachtlich in jedem Wohnambiente.

▲ Für die Sternstunden in der Adventszeit. Eine symbolische Form, gefüllt mit roten Zieräpfeln, Beeren und allerlei weihnachtlichen Requisiten.

▲ Sinnlich und im tiefroten Samtkleid präsentiert sich der zeitgemäße Adventskranz. Zarte Grünranken und güldenes Engelshaar umspielen den bunten Kerzenreigen.

► Praktisch und äußerst wandlungsfähig. Ein kleines Kränzchen mit Efeublatt verhilft den sommerlichen Windlichtern zu einem weihnachtlichen Auftritt.

NIKOLAUS lässt grüßen

Von Stiefel, Jutesack & Co.

Die Stiefel werden vor die Tür gestellt und man kann die ganze Nacht vor Aufregung kaum schlafen. Am 6. Dezember ist es wieder so weit. Die Tradition, am Nikolaustag kleine Gaben zu verschenken, ist schon alt. Neu ist der Look. Da kommen die Stiefel in floraler Aufmachung daher, und kleine Ausführungen des Geschenkesackes bergen nette Aufmerksamkeiten. Und wenn der heilige Mann dann da war, ist die Freude groß.

◄ Mooslook

Da wird der Nikolaus Augen machen. Es hat ja schon jemand den Stiefel gefüllt. Und so üppig und frisch! Das „Schuhwerk" besteht aus Holzwolle und Draht. Oben ist jede Menge Platz für eine Mühlenbeckie, Kugeln und allerlei weihnachtliche Zier.

▶ Bischofsgedeck

Zapfen, Rispen-Euphorbien und ein paar wenige weihnachtliche Akzente machen diesen winterlichen Teller zu einem echten Hingucker. Das „Markenzeichen" des Nikolaus`, der Bischofsstab, stimmt den heiligen Mann bestimmt heiter und spendabel.

▲ Blätterwerk

Als käme er direkt aus dem Wald und hätte sich hier und da im Unterholz verfangen. Der Stiefel aus Holzwolle und Draht zeigt sich mit Efeuranken, Bast und aufgespießten Zieräpfeln ganz naturverbunden und passt gut zu einem Ambiente im Naturlook.

◀ Säckel-Parade

Apfel, Nuss und Mandelkern ... In den Jutesäckchen lassen sich neben den Weihnachtsklassikern auch andere kleine Aufmerksamkeiten unterbringen. Übrigens: In Serie gefertigt, ergeben 24 Stück auch einen dekorativen Adventskalender.

Santa Claus is coming

Ob Nikolaus, Weihnachtsmann oder Santa Claus – auf jeden Fall kommt er mit rot-weißer Mütze. Und als eindeutiges Indiz dafür, dass das Fest immer näher rückt, hat er diese an den fröhlichen Dekoideen hinterlassen.

▲ Im Nikolausmützen-Kragen erinnern Amaryllis an Hollywood-Schönheiten, die es im Winter von Los Angeles fröstelt.

▼ Gestatten? Santa Claus. Dem Adventskranz mit seinen vielen Überraschungen hat der rot-weiße Mann seine Mütze aufgesetzt.

Alpenveilchen in ungewohnt fröhlicher Aufmachung. Da kommen passend zu den Nikolausmützen auch noch ein paar weiße Pompons hinzu.

▲ Wie Nikolausköpfe muten die bemützten Äpfel an. In kleinen Topfpflanzen sind sie weihnachtliche Vorboten und nette Mitbringsel.

▼ Unverkennbar der Weihnachtsmann. Das geht auch mal ohne Rauschebart, denn die Mütze macht´s. Mit Baumkerzen drumherum wird die Kopfbedeckung zum Highlight am Heiligen Abend.

► Da steht die Mütze vor Freude Kopf. Denn in dem grünen Weihnachtskörbchen könnte neben glänzenden Accessoires ja auch noch das eine oder andere kleine Geschenk versteckt sein.

Klein, aber oho!

Es muss nicht immer ein riesiger Weihnachtsbaum sein!

Dieses kompakte Exemplar kommt, wie der Weihnachtsmann selbst, mit Zipfelmütze und Filzsack daher. Dazu passen rote Äpfelchen und selbstgemachte Tüten, die ganz unkompliziert mit Gardinenclips befestigt werden. Goldene Päckchen, Rutenbündel und Kerzenhalter aus Zapfen sind weitere Überraschungen, mit denen Santa seinen Baum geschmückt hat.

Sie wirken edel und besonders elegant: Sträuße ganz in Weiß. In der winterlich-weihnachtlichen Zeit bringen sie besonderen Festtagsglanz ins Haus und erinnern an die schneebedeckten Landschaften draußen vor der Tür.

WINTER

DIE SCHÖNSTEN STRÄUSSE FÜR FROSTIGE ZEITEN

Ein Christrosentuff im langnadeligen Kiefernnest. Nicht nur wunderschön anzusehen, sondern auch praktisch: Sind die Christrosen verblüht, können sie einfach im Bund herausgenommen und ausgetauscht werden.

Ob weiße Amaryllis oder kugelige Chysanthemen – mit glänzendem Festtagsschmuck herausgeputzt, strahlen diese Sträuße erlesenen Weihnachtszauber aus.

ZAUBER

Festlicher Glanz verbreitet sich über dem weißen Rosenrund. Vergoldete Beeren, Fransenbänder und Kugeln betonen die luxuriöse Ausstrahlung.

Weihnachtlicher **Zapfenstreich**

Sie sind die heimlichen Stars des Weihnachtsfestes. Ganz im aktuellen Trend einer naturnahen Dekoration bringen Zapfen besonders stimmungsvolle Blickfänge in die vorweihnachtliche Szenerie. Und als liebenswerte Kleinode finden sie überall noch ein Plätzchen.

Wer beim **Silberbaum** an eine Tanne denkt, liegt falsch. Der 3 - 4 m hohe Baum gehört nämlich zu der Familie der Proteen.

▼ Wie kleine Satelliten umkreisen Erlenfrüchte die Pinienzapfen in ihren grün-goldenen Nestern. Eine nette, weihnachtliche Dekorationsidee, die immer passt.

▲ Zapfen allein sind als Adventsschmuck schon dekorativ, aber mit Hagebutten, Misteln und getrockneten Früchten gefüllt, setzen sie weihnachtliche Farbtupfer und sind noch mal so schön.

Weihnachtsboten aus dem Mittelmeerraum. Erinnern Sie sich an das Geräusch von platzenden Zapfen an sonnenbeschienenen Stränden im Süden? Bestimmt waren es die der **Strandkiefer.**

▲ Weihnachten im traditionellen rot-grünen Farbspiel. In schlichten Gläsern kommen unterschiedliche Zapfen und Äpfel mit Buchsbaumzweigen besonders gut zur Geltung. Dekorative Zieräpfelchen erinnern an Weihnachtsbaumschmuck vergangener Zeiten.

Ihre Kerne sind ein Gaumenschmaus. Aber dafür müssen die Zapfen der **Pinie** erst einmal ihren köstlichen Inhalt preisgeben. Mit Heizungswärme etwas nachgeholfen, sind sie „offen“ für vielerlei Dekorationsmöglichkeiten.

Die aus Amerika stammende **Riesenkiefer** hat einen länglichen Zapfen, der sich in allerlei adventlicher Dekoration ausgesprochen gut macht.

▼ Gut behütet in die Weihnachtszeit: Die kecken Mützchen aus Kiefernnadeln oder Blattwerk stehen den Zapfen wirklich gut. Ein Zierapfel am Goldhaken setzt den Pretiosen die weihnachtliche „Krone“ auf.

EINGETOPFT!

Geschenk Ideen im Advent

In der Vorweihnachtszeit häufen sie sich wieder: die Einladungen zum Adventstee, zur Nikolausfeier oder zum Bratapfelessen. Ohne ein Mitbringsel möchte man da nicht losziehen. Hier sind die neuesten Geschenkideen im Topf: dekorativ, haltbar und praktisch zum Mitnehmen.

Alles im Topf! Mal ummantelt, mal unverhüllt, verhilft der Topf dicken Stumpenkerzen und Anemonensträußen zu ihrem großen Auftritt. Die Begleiter sind Nüsse, Äpfelchen und Sterne. Typische Weihnachtsrequisiten, die auf keinen Fall fehlen dürfen.

SELBSTGEMACHT

Kindern erscheinen die Tage bis Weihnachten meist endlos. Ungeduldig sehnen sie den Heiligen Abend herbei und können es kaum noch abwarten. Um den Kleinen die Zeit zu verkürzen, ist der Adventskalender eine tolle Erfindung. Jeden Tag wartet er mit einer kleinen Überraschung auf.

Auch für Erwachsene geeignet: Auf buntem Tonpapier Gutschein, Rezept, Einladung etc. notieren, rollen und mit Bast zusammenbinden. Von 1-24 durchnummerieren und bunt gemischt in einen bemalten Topf einstellen. Fertig!

Gerade genug Platz für eine winzige Kleinigkeit bieten die 24 geklebten und verschnürten Filzsäckchen. An kleinen Holzstäbchen befestigt, sind sie einfach in einen mit Sand, dicker Kerze und Kiefernzweigen gefüllten Topf eingesteckt.

Adventskalender

JEDEN TAG EINE KLEINE ÜBERRASCHUNG

1. 24 kleine Tontöpfe in verschiedenen Farben bemalen und nummerieren. Durch jeden Topf ein Bastband ziehen, am Ende ein Bonbon o. ä. als Klöppel befestigen. Ca. 3 cm darüber ein Stück Streichholz einknoten, das als Abstandhalter dient.

2. Die kleinen Topf-Glöckchen mit dem Bastband in unterschiedlicher Länge an einem runden Kuchengitter befestigen. Einen Kranz aus gemischtem Grün wickeln und mit Draht am Gitter befestigen. Den Kalender mit Bast an der Decke aufhängen.

Kerzenglanz im Früchtekleid

Tolle Wirkung und kinderleicht gemacht: Rotbackige Apfellichter sind garantiert die knackigste Kerzenidee für die festlichen Tage.

Mit Sternen aus Filz und Tannengrün umgeben, präsentieren sich Äpfel als stolze Träger von hohen, schlanken Kerzen.

◄ Kerzenhalter für Adventskränze sind durchaus auch für Äpfel tauglich. Dazu rote Samtschleifen, die den Früchten einen grandiosen Auftritt garantieren.

▼ Apfel und Zimt. Kulinarisch eine klassische Verbindung, die auch optisch einiges zu bieten hat. Ein Teelicht bringt die Erleuchtung.

► Wie das duftet! Selbst gerollte Bienenwachskerzen setzen die rotbackigen Äpfel ins rechte Licht. Da kommen auch Weihnachtsmuffel in die richtige Stimmung.

◄ Mit Teelichtern und Sternen aus Bienenwachsplatten strahlen die Äpfel um die Wette. Kleine Kränzchen aus Koniferengrün sind Schmuck und Halt zugleich.

Winterliche Glanzlichter

Kleine Windlichter erzeugen große Stimmung. Das Schöne daran: Es bedarf keines großen Aufwandes oder Materialeinsatzes, um sie zum Leuchten zu bringen. Schon mit wenigen floralen Zutaten, Gold- und Silberdraht, glitzernden Accessoires und natürlich einem Glas und einer Kerze lassen sich wunderbare Lichtblicke zaubern.

Kiefernnadeln, Draht und Perlen – so schlicht die Zutaten, so eindrucksvoll die Wirkung. Die Kiefernnadeln werden mit Draht gebündelt und mit Heißkleber auf das Glas geklebt. Goldene Perlen auf den Bündeln und als Basis für die Kerze bringen weihnachtlichen Glanz.

Oben links: Ein Drahtgeflecht mit Goldsternen, vereinzelten Blättern und Beeren wird oben am Glasrand aufgehängt. Das ist schnell gemacht und von beeindruckender Wirkung. Die Kerze steht auf einer Schicht goldener Perlen.

Oben rechts: Eine Glas-in-Glas-Lösung macht die Dekoration besonders unkompliziert: Hier lässt sich der Zwischenraum schnell mit Dekomaterial wie Kiefernnadeln, Zierdraht oder Metallsternen füllen.

Links: Eine kleine Winterwelt erstrahlt im gedämpften Schein von Teelichtern. Für Schummerlicht sorgt Japanpapier, das um ein Glasgefäß gelegt wird. Den oberen Rand zieren Koniferengrün, Beeren und Perlen, die allesamt mit Draht befestigt werden. Silberne Sterne an langen Drähten sind einfach zwischen Glas und Papier geschoben.

Dekotipp

Neben Kiefernnadeln, Erlenzapfen, Hagebutten, Perlen, Misteln oder Koniferengrün kann man auch gut Seiden- oder Pergaminpapier am Glas befestigen. Das lässt sich dann auch gleich mit weihnachtlichen Botschaften beschriften. Auch für die Basis der leuchtenden Winterwelten gibt es verschiedene Varianten: Das Licht der Kerzen kommt noch mal so gut zur Geltung, wenn diese in Perlen, Strasssteinchen, Granulat, Kunstschnee, Watte, Engelshaar, Metallsternen, Hagebutten oder Beeren stehen.

SINNLICH-FRUCHTIGES AROMA
FÜR DIE WEIHNACHTSTAGE

Duftpomander

Mit ihrer fruchtig-herben Note verströmen Pomander den typischen Duft der Weihnachtszeit. Durch das Einstecken der Nelken in die Orangenschale verbreiten sich die wohlriechenden Aromen beider ätherischer Öle langsam im gesamten Raum. Lassen Sie Ihrer Fantasie beim Stecken der Motive einfach freien Lauf. So entsteht eine herrliche Dekoration, die sich übrigens auch gut als Geschenkidee eignet.

Oben links: Beflügelnde Zeiten für die kleine Zuckerhutfichte. Mit silbernen Pappflügeln werden die kleinen Bäumchen zu anmutigen **Engelsgestalten**. Feine Umwindungen mit Band sind dekorativ und erinnern an glitzerndes Lametta.

Oben rechts: Die Zuckerhutfichte wird von einer **Umkränzung** aus Zweigen geziert. Das deckt die Erde wirkungsvoll ab und unterstützt die natürliche Wirkung. Ein Stern mit langem Schweif setzt den weihnachtlichen Akzent.

Rechts: Festliche Verwicklung in Tannenform. Abstrakt und dennoch weihnachtlich kommen diese kleinen Bäumchen daher. Die Koniferenzweige sind mit Schmuckdraht um einen Kegel gewickelt. Der **Filzstern** als Tannenbaumspitze darf natürlich nicht fehlen.

Tannenbäume im XXS-Format

Kennen Sie das? Weihnachtsbaumkauf nach Augenmaß und jedes Mal muss dann zu Hause die Spitze ab? Unsere Miniaturausgaben passen garantiert unter die Zimmerdecke und stehen den Großen in ihrer Attraktivität in nichts nach.

Links: Wo stellen wir denn dieses Jahr den Tannenbaum auf? Vielleicht mal in jedes Zimmer einen? Mit den Miniaturausgaben kein Problem. Wer es schlichter mag, dekoriert mit Kegelbäumchen aus Koniferengrün. Mit Schmuckdraht und einer dicken **goldenen Schärpe** wird im Handumdrehen ein Weihnachtsbaum daraus.

Unten: Weihnachten in Mini-Romantik. Die Zuckerhutfichte wurde so prächtig herausgeputzt wie eine große. **Schleifenakzente** in zarten Farben und lang herabfließende Bänder bringen festlich-romantische Stimmung.

So vielseitig sind Christbaumkugeln

Ein Weihnachtsbaum ohne Kugeln? Kaum denkbar. Als Tischschmuck, im Strauß oder als Geschenkanhänger zeigen die runden Dekoklassiker jetzt, was sie sonst noch alles können.

▲ Zum Verschenken fast zu schön: Wenn goldene Kugeln als beflügelte Geschenkanhänger oder Tischdekoration daher kommen.

◀ Orchideenblüten in pastellfarbenen Kugeln wirken edel und verblüffend zugleich. Die festlichen Gewürz-„Pralinés" sind nicht nur dekorativ, sie verbreiten auch einen herrlichen Adventsduft.

◀ Dekorativer Schmuck für die festliche Tafel. Die Kugel zeigt sich mit einem Kiefernzweig und goldenem Kränzchen von ihrer besten Seite und glänzt mit dem Festtagsgeschirr um die Wette.

▼ Als echtes Glanzstück präsentiert sich hier die Orchideenblüte. In einer wassergefüllten Christbaumkugel zeigt sie ihre Schönheit und zieht garantiert alle Blicke auf sich. Am besten wirkt die Dekoidee, wenn sich gleich mehrere Kugeln als Tischdekoration zusammentun.

◀ Überraschen Sie Ihre Lieben mit einem Strauß der ganz besonderen Art. Die edlen Rosen und schillernden Kugeln sind mit einem Hauch Gold aus Engelshaar überzogen. Mit dieser märchenhafte Straußkomposition machen Sie sich zum Lieblingsgast der Weihnachtsfeier.

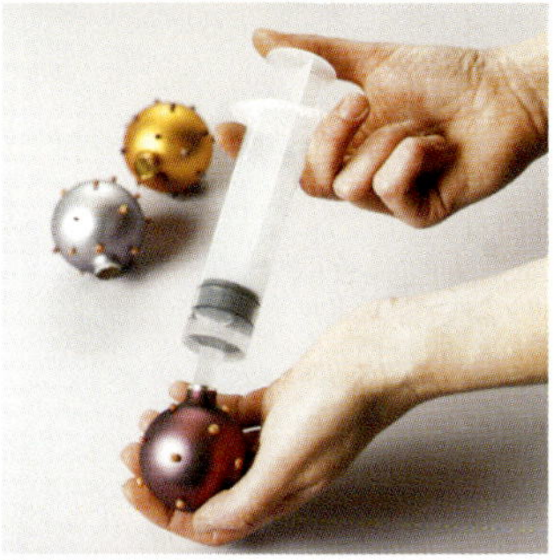

Schnell gemacht

Eine weihnachtliche Kugelvase für die Orchidee zu zaubern, ist kein Kunststück. Man entfernt den Aufhänger einer Christbaumkugel und bringt kleine Tupfen Klebstoff mit einer Heißklebepistole auf. Hierauf werden farbige Perlen gesetzt – je nach Geschmack einfarbig oder bunt. Das Wasser für die Blüte lässt sich am besten mit einer Spritze in die Kugel füllen.

Elchfest

Hochsaison für Geweihträger

Ihre Heimat ist der hohe Norden. Doch seit einiger Zeit begeben sich immer mehr Elche und Rentiere auf Wanderschaft, um den Winter in gemäßigteren Zonen zu verbringen. Sie halten Einzug auf unsere Balkone und Terrassen, geben sich in Adventsgestecken und Türkränzen ein Stelldichein und bringen so ein schönes Stück Skandinavien in ihre Wahlheimat.

1

1 Blumenkasten auf Skandinavisch: Der Rücken der hölzernen Vierbeiner bildet einen Trog, der Pflanzen ein Winterquartier bietet. Hier kommt die attraktive Scheinbeere zu einem unverhofften Ausritt.

2 Was regt sich denn da im Unterholz? Bestimmt haben sich die Elche aufgemacht, um das Jul-Fest zu feiern. Ort der feierlichen Begegnung ist eine ausrangierte Holzkiste, die mit Moos, Efeu, Zapfen und Flechten gefüllt ist.

3 An exponierter Stelle hält sich der Hirsch auf einem Holzkranz bereit. Für den Fall, dass Santa Claus Unterstützung braucht, hat er sich schon mal mit der passenden rot-weißen Mütze gerüstet.

4 Selbst als Türsteher macht „Rudolph the red nosed reindeer" seinem Namen alle Ehre. Auf einem Kranz empfängt er die Gäste der Weihnachtsfeier schon an der Tür. An Band herabhängende Äpfel, Zapfen und Zweige verheißen auch für das Interieur ein unkompliziertes Ambiente.

5 Sieht fast so aus, als hätte sich ein Elch im Unterholz versteckt und nur noch sein Geweih ragt heraus. Der Kopfschmuck aus Filz ist witziger Hingucker und übersteht überdacht auch mal eine Nacht im Freien.

Weihnachtskult

Das ist doch nur eine Kunststofftasche, sagen die einen. Das ist ein „Taschelino", empören sich die anderen. Fast schon zum Kultobjekt erhoben, zeigt sich der kleine Shopping-Begleiter nun passend zur Jahreszeit von einer ganz anderen Seite. Im Scandinavia-Look gibt er sich mit Holzscheiten, Kiefernzweigen und Beeren ganz natürlich und wird zum netten und praktischen Mitbringsel in der Weihnachtszeit.

Weihnachten KUNTER BUNT

Deko-Ideen fürs Familienfest

Kaum ein Fest bringt so viele Traditionen mit sich wie Weihnachten. Das Fest der Familie verbindet die Generationen. Doch warum sollte die Dekoration zu diesem Anlass nicht mal so aussehen wie Kinder es am liebsten mögen? Einfach kunterbunt und fröhlich!

◄ Da steckt was drin! Süße Schleckereien oder kleine blumige Überraschungen im Weihnachtssäckchen.

► Der bunt verzierte Weihnachtskuchen ist eine Tradition, die sich nicht nur in England immer größerer Beliebtheit erfreut.

◄ Unbekümmert und hemmungslos überbieten sich die Farben dieses sternenbedeckten Straußes gegenseitig. Als ob Kinder in den Farbkasten gegriffen hätten.

▼ Rotbackige Äpfel werden mit Kränzchen oder Sternen zu originellen Kerzenständern. Eine Zier auf jeder Festtagstafel.

▼ Das Riesen-Bonbon aus buntem Filz wird nicht nur die Kleinen begeistern. Denn erstens passt allerlei rein, und zweitens kann die Füllung je nach Empfänger variiert werden.

Blumen für jede Gelegenheit

Zum Anbeißen!

BLÜTENtörtchen

Über diese blumigen Leckerbissen freut sich jeder

Eine verführerische Dekoidee nicht nur für Naschkatzen. Denn diesen süßen Margeriten-Trüffeln kann wohl keiner widerstehen.

◄ Ein sommerliches Mitbringsel für die Gartenparty. Und sobald es draußen dunkel wird, dienen die blütenbesteckten Törtchen als stimmungsvolle Tafelbeleuchtung.

► Wer hat als nächster Geburtstag? Dabei nicht vergessen, vor dem Überreichen die Kerze anzuzünden. Das Törtchen aus roten Chrysanthemen und Zitronenthymian sorgt nebenbei für frischen Duft.

▼ Erste Sahne. Doch keine Sorge: Diese üppige Torte schlägt garantiert nicht an. Pfingstrosen statt Baiser und Sahnehaube sind hier der völlig kalorienfreie Augenschmaus.

▲ Wie aus Großmutters Zeiten. Doch statt Rosinen und Zuckerguss zieren Knopf-Chrysanthemen den perfekt geformten Gugelhupf.

So einfach ist es, eine schöne **TÜTE VOLL SONNE** zu verschenken. Ein kleiner Margeritentopf findet in einer Papiertüte seinen Platz, die mit ausgeschnittenen Papierstrahlen beklebt wird.

RUND WIE DIE SONNE päsentiert sich die außergewöhnliche Vase aus umwickeltem Steckschaum. Ein Orchideenröhrchen sichert die Wasserversorgung der Margeritenblüten.

SONNENSTRAHLEN ZUM VERSCHENKEN

Die einzelne Gerberablüte schmückt sich zusätzlich mit **SONNENSTRAHLEN** aus farbigem Steckschaum. Ein witziges Geschenk, das gute Laune macht.

Kleine Dekosonnen aus Holz geben sich an Drahtband ein Stelldichein. Wie eine **SONNIGE GIRLANDE** schlingen sie sich um den hellgrünen Bubikopf im goldgelben Sisaltopf.

Ein Blätterkranz bildet den passenden Rahmen für den **AUFTRITT DER SONNENBLUME.**

Mit dieser beerigen Blüten-Komposition holen Sie die **SONNENSTRAHLEN** vom Himmel.

Sie sind eingeladen und suchen noch ein kleines Mitbringsel? Dann verschenken Sie doch einfach ein paar Sonnenstrahlen! Ob bei Freunden, Nachbarn oder beim Chef – egal wo die Party steigt; über den kleinen Sonnengruß freut sich garantiert jeder.

Lampion- und Sonnenblume ergänzen sich zum warmen **FARBFINALE** des Herbstes.

Unvergessliche Momente

Vergiss mein nicht!

Kein Tag wie jeder andere! So bleibt das Datum des ersten Rendezvous garantiert im Gedächtnis.

Ein modischer Gruß. Als Mitbringsel bekommen die Vergissmeinnicht-Töpfe kurzer Hand einen Filzmantel angezogen.

Romantischer Tafelschmuck. An diesen Nachmittag werden sich die Gäste noch lange erinnern, denn die kleinen Blütentüten dürfen sie mitnehmen.

Tischdeko selbstgemacht: Vergissmeinnicht in alten Marmeladengläsern, die mit Gras ummantelt wurden.

Doppelt hält besser. Den Strauß Vergissmeinnicht ziert zusätzlich der sprichwörtliche Knoten im Taschentuch.

Für den dezenten und zurückhaltenden Verehrer: Das kleine Vergissmeinnicht-Sträußchen mit Kranzmanschette.

Der Überbringer dieses Straußes bleibt in Erinnerung. Seine Botschaft ist eindeutig und eine klare Herzensangelegenheit.

Die erste eigene Bude – wenn das kein Grund zum Feiern ist! Und da in der Küche noch so einiges fehlt, kommt die mit einem bunten Blütenmix besteckte **Zitruspresse** gerade recht.

Pasta ist die große Leidenschaft Ihrer Gastgeber? Dann liegen Sie mit einem dieser originellen **Spaghettiheber** als kleines Mitbringsel garantiert richtig. Und als Überbringer von einzelnen Blumen macht solch ein Küchenhelfer ebenfalls eine gute Figur.

GANZ SCHÖN PRAKTISCH!

Nützliche Geschenke blumig verpackt

Sicher kennen Sie das auch: Sie sind spontan eingeladen und auf die Schnelle muss nun ein Geschenk besorgt werden. Aber was? Warum nicht mal etwas wirklich Nützliches verschenken, das beim Gastgeber gleich zum Einsatz kommt? Und damit Ihr Präsent nicht gar zu profan daherkommt, bringen Pflanzen oder ein paar Blüten den humorvollen Kick.

Eine Haus-Einweihungsparty bei Freunden? Und einen Teich gibt's auch im Garten? Dann schenken Sie doch die passende Bepflanzung dazu. Und den **Eimer** für den problemlosen Transport am besten gleich mit.

Was wäre der beste Hobbygärtner ohne zuverlässige Gartenhelfer? Ein guter **Gartenschlauch** macht das Wässern der Pflanzen zum spritzigen Sommervergnügen. Und nicht nur das Bärenfellgras wird's Ihnen danken.

Für jede das richtige

Blüten täschchen

Immer wieder stellt sich die Frage nach einem kleinen Mitbringsel für die Freundin, die Schwägerin oder sonst eine nette Person. Wie wär's denn mal mit einem Blütentäschchen? Zum Beispiel ...

... für Marie ...

weil sie so romantisch ist und immer noch für Robert Redford schwärmt. Eine rote Gerbera, umspielt von kleinen Kamillenblüten an einem Grashenkel, ist genau das Richtige für sie.

... für Anna ...

weil sie die Natur und die Farben des Südens liebt. Das orange Täschchen mit einem Griff aus rotem Hartriegel passt perfekt zu ihr: Manchmal ist sie störrisch, hat ihren eigenen Kopf, kann aber auch mal nachgeben.

... für Karina ...

weil sie aufblüht wenn der Frühling kommt. Endlich gibt es ihre Lieblingsblumen, und wenn die Tulpen dann auch noch in einem Papiertäschchen daherkommen, ist sie nicht mehr zu halten.

... und für Babette ...

weil sie eine echte Romantikerin ist. Verspielt mit Schleierkraut und rosafarbener Ranunkel ist dieses verträumte Täschchen wie für sie gemacht.

Sorry!

Mit Blumen sagt's sich leichter

Einen wichtigen Termin vergessen? Oder mal wieder unwirsch reagiert? Nicht so schlimm, denn Fehler macht jeder. Und mit solch einer humorvoll-blumigen Idee verzeiht man Ihnen sicher gerne!

Danke fürs Gießen & Rasenmähen!

Männertreu im Pappgießer

Monatelang haben wir gezüchtet, gehegt und gepflegt. Im Haus, im Garten, auf Balkon und Terrasse. Und gerade dann, wenn all unsere Mühe endlich Früchte trägt, wenn endlich alles in der schönsten Blütenpracht steht, dann ist die Urlaubszeit gekommen. Wie gut, wenn sich da Freunde oder Nachbarn finden, die die Pflege der blühenden Gefährten für die Zeit unserer Abwesenheit übernehmen oder dem Wuchern des Rasens Einhalt gebieten. Mehr als angebracht ist es da, der sorgsamen Urlaubsvertretung zu danken. Am schönsten mit Blumen und am besten mit Geist und Witz. So wird Ihr Nachbar auch im nächsten Urlaub wieder gerne die Pflanzenpflege übernehmen!

Blüten im Rasenrondell

Dem Rasentäschchen blüht was!

Ganz schön gewuchert!

So macht Schenken Spaß!

Gutscheine zum Selbermachen

1

Annas Geburtstag vergessen und keine Zeit mehr, ein Geschenk zu besorgen? Den Liebsten an das längst fällige Wochenende zu zweit erinnern? Oder Freunde endlich mal zu einem Picknick im Grünen einladen? Mit selbstgemachten und originellen Gutscheinen geht dies am schönsten. Sie begleiten die Beschenkten bis zum Tag des bevorstehenden Ereignisses und machen die Vorfreude noch mal so groß.

1 Das Frühstücksei verrät es: Heute in einer Woche sind wir schon in Wolkenkuckucksheim. Die Botschaft ist einfach auf das ausgeblasene Ei geklebt, eine Blüte macht den sonntäglichen Frühstückstisch komplett.

2 Originelle Einladung zu einer kleinen Bootspartie. Die Zitronenpressen schippern die Nachricht mit Blüte an den richtigen Adressaten.

3 Grün und Blau – das sind die Farben für einen Ausflug ins Grüne. Ein Picknickbeutel am Stöckchen, mit Basilikum und frischem Brot gefüllt, spricht hierfür die Einladung aus.

4 Gemeinsam schweigen und über das Wasser schauen. Schon die Einladung zum Petri Heil zu zweit macht Lust auf Entspannung. Im Inneren der beiden Gläser findet eine Wasserpflanze Platz, dazwischen hängt schon ein dicker Moosgummi-Fisch an der Angel.

5 Schon der Vorbote des Mahls ist ein wahrer Augenschmaus. Die Löffelgesichter auf *Alchemilla*-Grün lachen den Beschenkten freudig an und laden mit Buchstabennudeln zum „Dinner for two“.

Hochzeits

Traumhafte Bouquets

Hochzeitsglocken verkünden es schon von weitem. Die Hochsaison für Heiratswillige hat begonnen. Draußen blühen die Bäume, die ersten warmen Tage laden zum Cabriofahren ein und unter freiem Himmel lässt es sich trefflich feiern. Wir zeigen Ihnen die schönsten Brautsträuße für diesen einmaligen und unvergesslichen Tag.

1 Er liebt sie, er liebt sie nicht. Mit dem romantischen wie gleichzeitig modernen Margeriten-Strauß ist diese Frage längst beantwortet.

2 Ein herrlich flauschiger Blütentuff als Brautbouquet. Mit einer Manschette aus *Clematis* feiert die Nelke ihr Comeback.

3 Pure Eleganz verspricht die kunstvoll aus Rosenblütenblättern und anderen kleinsten Blütchen gefertigte Glamelie.

4 Ganz wie das Lebensgefühl an diesem großen Tag: ein sonnig-gelbes Bouquet aus vielen kleinen Maiblüten von Nelken umschlossen.

5 Ein duftender Blütentraum, der durch seine Vielfalt besticht. Elegante Calla, verspielte Maiglöckchen und edle Rosen bilden eine perfekte Harmonie.

2

träume

1

für eine Hochzeit im Mai

3

4

5

Die schönsten Brautsträuße für die sommerliche Hochzeit

Der richtige Brautstrauß vollendet den perfekten Auftritt der Braut an ihrem großen Tag. Doch die Wahl der passenden Blumen fällt oft gar nicht so leicht. Mögen Sie es gerne romantisch und verspielt? Oder lieber modern und reduziert? Lassen Sie sich von unseren Blütenträumen inspirieren.

Der Strauß, so leuchtend gelb und rund wie die Sonne, verspricht einen heiteren und strahlenden Hochzeitstag.

Von Myrtengrün begleitet verbreiten die kleinen Glöckchen ihren liebreizenden Charme. Ein romantisches Sträußchen für die Hochzeit im Wonnemonat Mai.

Märchenhafter kann ein Brautstrauß nicht ausfallen. Gefüllte Rosen in Hellgelb und Apricot verbinden sich zu einem feinen Brautschmuck. *Muehlenbeckia* umspielt den Strauß und verleiht ihm eine verwunschene Note.

Ein traumhaftes Brautbouquet, das kaskadenartig in die Tiefe fließt. Üppige Rosenblüten und filigrane Ranken sprühen voll Farbe und Leichtigkeit an diesem ganz besonderen Tag.

Romantik pur

Was könnte romantischer sein als eine sommerliche Hochzeit? Wenn die Natur zum Draußen-Feiern einlädt und der Blumenflor in voller Blüte steht. Nicht nur bei Tischdekoration und Kirchenschmuck kann der Florist da aus dem Vollen schöpfen. Auch für den Brautstrauß stehen jetzt die schönsten Sommerblumen zur Verfügung.

► Wie romantisch doch einfache Gartenblumen wirken können. Lieblich und und von zartem Grün umrahmt, entfalten die Wicken in diesem Brautstrauß ihre Anmut.

▼ Die herrlich duftenden Rosen überzieht ein zartes Rankengeflecht. Ein edles Brautbouquet mit einem Hauch von Nostalgie.

▲ Wiesenromantik in modernem Design. In seiner raffinierten Schlichtheit bringt dieser Manschettenstrauß die Lebensfreude seiner Trägerin zum Ausdruck.

◄ Farbe und Vielfalt bestimmen den natürlichen Charme dieses kleinblütigen Brautstraußes. Fröhlich und ein wenig verspielt ist er ein idealer Begleiter für die jüngere Braut.

Wissens wert

Tipp

Die absolut witzigste Tasche für alle Verliebten! Haben Sie Ihr Herz bereits verschenkt? Dann zeigen Sie dem Rest der Welt, dass Sie zusammengehören! Denn mit dieser humorvollen „Liebestasche" aus Gras und anderen Naturmaterialien werden Sie nicht nur bei Ihrer Angebeteten für Aufmerksamkeit sorgen.

Welcher ist der Richtige?

Klar, Ihren Traumprinzen haben Sie bereits gefunden. Nun steht der Hochzeitstermin fest, Standesamt, Kirche und Restaurant sind ausgesucht. Auch das Brautkleid haben Sie schon anprobiert. Jetzt fehlt nur noch der passende Strauß, der Sie an diesem besonderen Tag schmücken soll. Schauen Sie selbst, welcher aus der bunten Auswahl am besten zu Ihnen passt.

jung & dynamisch

Frisch und spritzig ist die Wirkung dieser beiden Sträuße, die wie gemacht für eine jugendliche Braut sind. Aufsehen erregende Manschetten aus Papier und Federn umgeben die hellgrünen Rosen- und Chrysanthemenblüten und garantieren ihrer Trägerin einen strahlenden Auftritt.

romantisch & verspielt

Ob in sanften Pastelltönen oder als bunte Blütenmischung – Rosen gehören im Brautstrauß einer echten Romantikerin einfach dazu. Mal schmeicheln Schleierkraut und Päonien den zarten Rosen, mal begleitet ein Potpourri aus hundert kleinen Blüten in Gelb-Weiß die Braut zum Altar.

temperamentvoll

Wer es impulsiv und feurig liebt, wählt nicht nur sein Kleid, sondern auch den Brautstrauß in der Farbe der Liebe. Zum echten Hingucker wird das kleine, runde Nelkengebinde durch eine üppige Umrahmung aus perlenverzierten Gräsern. Leidenschaftlich und verführerisch wie seine Trägerin.

Klassiker in ungewohnter Optik. Die roten Rosen sind Kopf an Kopf gebunden und werden von mehreren Blütenringen umgeben. Ausdrucksstark und voller Leidenschaft.

Festlicher Tafelschmuck für die Hochzeit

Ob im Restaurant, auf der Wiese oder zu Hause – egal, wo die Hochzeit gefeiert wird – eine festliche Tischdekoration gehört in jedem Fall dazu. Wie diese ausfällt, ist von der jeweiligen Jahreszeit abhängig, in der sich das Brautpaar sein Jawort gibt. Dieser Dekovorschlag eignet sich für eine Tafeldekoration in den ersten frühsommerlichen Monaten.

Gesteckte Blütenfriese setzen sich aus dem reichhaltigen Angebot des Frühsommerflors zusammen. Flieder, Wicken, Rosen, Vergissmeinnicht, Bellis und Schleierkraut passen in ihrer lieblichen Anmutung besonders gut zum romantischen Anlass des Festes.

Links: In Anlehnung an die großen Gestecke zieren einzelne Bellisblüten die Serviettenringe aus Perlen.

Unten: Das Buffet schmückt die gleiche Blumenmischung wie die Tafel. Die Blüten werden dabei jedoch in Kugelform gesteckt und auf dekorativen Porzellanschalen mit Fuß platziert.

Unten links: Ein Ring aus den Blüten der Waxblume ist ein dekorativer, jedoch etwas aufwändigerer Serviettenschmuck.

Wissenswert

Gewusst?

Tischordnung ja oder nein? Bei einer kleineren Feier kann man auf Tischkarten verzichten. Wird im größeren Rahmen gefeiert, sind sie meist unumgänglich. Durch geschickte Platzierung seiner Gäste sorgt das Brautpaar für Spaß und gute Unterhaltung aller Beteiligten.

Langwierige Platzsuche sollte vermieden werden! Daher empfiehlt es sich, am Eingang des Raumes einen Plan aufzuhängen, dem die Gäste entnehmen können, an welchem Tisch sie sitzen.

Wo sitzt das Brautpaar? Bei rechteckigen und ovalen Tafeln sollten die Brautleute immer mittig an der Längsseite des Tisches sitzen. Bei U-förmiger Tischaufstellung nimmt das Hochzeitspaar mittig außen an der U-Form Platz. Die gegenüberliegenden Sitze bleiben meist frei, damit das Paar einen freien Blick auf alle Gäste hat. Gleiches gilt für eine Tafel in T-Form.

Mein eigenes Blütenreich

Die romantische Verwandlung eines Zimmers

Den eigenen Räumen ein neues Gesicht geben, sie verändern und umgestalten. Wer kennt dieses Bedürfnis nach grundlegender Erneuerung im Frühjahr nicht auch? Mit den richtigen Pflanzen verleihen Sie Ihrem Zimmer jetzt den aktuellen romantischen Touch.

2 Mit vielen Blühpflanzen in Pastell präsentiert sich der gleiche Raum völlig neu. Ein großes Blütenbild unterstreicht die frische Wohlfühlatmosphäre.

3 Hortensien in Rosé wirken modern, wenn sie in farbige zylindrische Glasgefäße gestellt werden. Am besten platziert man gleich mehrere nebeneinander.

1 Ein an sich schöner, heller und moderner Raum, dem allerdings das gewisse Etwas noch fehlt. Mit den passenden Pflanzen kann hier Abhilfe geschaffen werden.

4 Rot-violetter Klee ist inzwischen in vielen Gärtnereien erhältlich und erfreut mit seinen kleinen rosafarbenen Blüten nicht nur das Herz einer jeden Romantikerin.

Wissenswert

So geht's

Lichtverhältnisse Achten Sie darauf, dass alle Pflanzen genug Tageslicht bekommen. Erkundigen Sie sich beim Kauf nach den idealen Bedingungen für die von Ihnen ausgewählten Pflanzenschätze. Viele Pflanzen bevorzugen einen hellen, aber nicht zu sonnigen Standort. Wenn die natürlichen Lichtverhältnisse eines Raumes nicht ideal sind, kann gegebenenfalls mit Pflanzenleuchten nachgeholfen.

Gefäßauswahl Wählen Sie Gefäße, die in Farbe und Form zum romantischen Stil der Pflanzen passen. Kleinere Töpfchen sollten immer zu mehreren platziert werden, große Gefäße können auch mal als einzelne Hingucker aufgestellt werden.

Blütenbilder Blütenmotive im XXL-Format unterstreichen die blumig-frische Note eines Raumes und sorgen für eine positive Grundstimmung. Sie sind Ausdruck der eigenen Persönlichkeit und wecken einfach Begeisterung für die Natur.

5 Die Fensterbank bietet Platz für eine Pflanzenmischung in zarten Tönen. Rosafarbene Hortensien neben Glockenblumen in Lila, dazwischen ein Gras und Klee.

Azaleen

Eleganter Blütenzauber

Richtig gewählt und platziert, wirken Zimmerpflanzen positiv auf die Umgebung und damit auf den Menschen. Ein ideales Gewächs ist dafür die Azalee. Ihr Blütenreichtum steht für hohe Vitalität, ihre angenehmen Farben wirken belebend und harmonisch. Wichtig ist allerdings, dass das Gefäß den Auftritt der Azalee stützt. Ideal sind flache Keramikschalen, doch je nach Pflanzenform gibt es viele Möglichkeiten. Probieren Sie's einfach aus!

Harmonie in der geschlossenen Form von Schale und Pflanzenumriss. In der Feng Shui-Lehre steht die Azalee für Kraft und Lebensenergie.

Nostalgisch anmutende Gefäße verleihen den Azaleen-Hochstämmchen eine besonders festliche und romantische Note.

Zusammen mit Muscheln, Steinen oder anderem in der Natur Gesammelten bilden Kleinpflanzen ein Stillleben mit hoher positiver Ausstrahlung.

DIE RICHTIGE PFLEGE:

- Die Heimat der Azaleen sind die Wälder Asiens, in denen eine hohe Luftfeuchtigkeit herrscht. Daher benötigen Azaleen eine gute und stete Wasserversorgung.
- Gelegentliches Übersprühen der Blätter und Düngen alle 2-3 Wochen mit spezieller Azaleennahrung werden mit kräftigem Wuchs und reicher Blüte belohnt.
- Der Standort sollte hell bis halbschattig sein, keine pralle Sonne, eher kühl.

Das Form- und Farbenspektrum der Azaleen ist vielfältig. Hier eine edle Variante mit weißen Blüten in einer asiatischen Porzellanschale.

TIPP

Achtung: Usambaraveilchen stets mit kalkfreiem, abgestandenem Wasser gießen. Sie vertragen kein Wasser im Untersetzer. Stellt man die Pflanzen nach ihrer Blüte kühl und hell und gießt allenfalls einmal wöchentlich, erfreuen sie schon bald wieder mit neuen Knospen.

Ein Kragen aus grünen Filzperlen schmeichelt dem roten Veilchen und macht es zu etwas ganz Besonderem.

Kurzgeschnittene Hartriegelzweige verhelfen dem einzelnen Usambaraveilchen zu einem strahlenden Auftritt.

Veilchenduo im Glas. Kreisförmig gedrehtes Peddigrohr lässt unschöne Plastiktöpfe verschwinden.

Usambara

Sie galten lange Zeit als altmodisch. Doch jetzt erleben Usambaraveilchen ein Revival. Denn gekonnt in Szene gesetzt, sind die samtblättrigen Langzeitblüher äußerst dekorativ und noch dazu pflegeleicht.

Usambaraveilchen stammen ursprünglich aus Ostafrika. In den tropischen Regenwäldern Tansanias gedeihen die Pflanzen bei einer Luftfeuchtigkeit von bis zu 98 Prozent. 1892 entdeckte sie dort der deutsche Gouverneur Adalbert Emil Walter von Saint Paul, dem sie auch ihren botanischen Gattungsnamen *Saintpaulia* verdanken. Mittlerweile gibt es auch in unseren Breitengraden ein riesiges Spektrum an unterschiedlichen Sorten. Von einfach, über gefranst, bis hin zu gefüllt blühenden Pflanzen in Blau, Weiß, Rosa, Rot oder sogar in zwei Farben ist alles möglich. Höchste Zeit also, die vielfältige Zimmerpflanze von ihrem altbackenen Image zu befreien. Jetzt kommt das Veilchen ganz groß raus: in neuer Optik, zeitgemäß und trendig.

veilchen

Die voll besetzte Veilchenschale ist ein echter Blickfang. Bis zu zehn Pflanzen werden darin von einem Hagebutten- und Leinenfaserkranz umrundet.

Attraktive Blüten, tolle Farben, lange haltbar:

Begonien

Begonien zählen zu den schönsten und vielseitigsten Schmuckpflanzen. Eigentlich stammen sie aus den tropischen Regenwäldern und subtropischen Gebirgsregionen Asiens und Südamerikas. Da sie dort meist unter großen Bäumen im Schatten wachsen, bevorzugen sie auch in unseren Wohnungen ähnliche Bedingungen. Ein Umstand, der sie zu besonders beliebten und pflegeleichten Zimmerpflanzen macht. Schauen Sie selbst, wie zeitgemäß sich die dankbaren Blüher in Szene setzen lassen.

Mehrere roséfarbene Begonien mit *Scindapsus* unterpflanzt wirken in großen Bodengefäßen zeitgemäß und modern.

Ein panaschierter Efeu legt seine Ranken um die weiße Begonienpflanze und greift mit seiner Blattzeichnung deren Blütenfarbe auf.

Wissenswert Tipp

- Direkte Sonnenbestrahlung vermeiden.
- Zum Gießen kalkarmes, enthärtetes Wasser verwenden.
- Beim Gießen aufpassen, dass kein Wasser an die Blätter kommt, da sie sonst leicht faulen können.
- Voraussetzung für eine reiche Blütenpracht ist ein gesundes Wurzelwerk. Damit sich das feinfaserige Wurzelgeflecht gut entwickeln kann, am besten humusreiche Erde verwenden.

In einem weißen Übertopf macht die Begonie zusammen mit Grünlilien eine gute Figur.

Überzeugendes Begonien-Duo. Hohe Porzellan-Pokale sorgen für ein spannendes Verhältnis der Proportionen.

Glanzvoller Auftritt der 'Silver Queen', die in attraktiver Weise mit den Reizen ihrer Blätter spielt. Für die Begrünung eines minimalistischen Hightech-Umfeldes ist sie wie geschaffen.

BLATT

Alte Liebe neu entdeckt

Mal streng, mal aufreizend, mal verspielt. Blattbegonien haben viele Gesichter und laden mit ihrem abwechslungsreichen Blätterspiel zum Hinschauen, Entdecken und Staunen ein. Denn meistens geben sie erst auf den zweiten Blick ihre vielschichtige Persönlichkeit preis. In fantastischen Farbschattierungen zeigen sich die Blattzeichnungen so mancher Sorte. Aber auch bei den Formen der Blätter beweisen die Pflanzen höchste Kreativität. In ihrer vielgestaltigen und anpassungsfähigen Erscheinung harmonieren Blattbegonien perfekt mit jedem modernen Wohnambiente.

BEGONIEN

▼ Da möchte man am liebsten drüber streichen. Eine samtige Oberfläche ziert die ausdrucksvollen, leicht herzförmigen Blätter der Sorte 'Emerald Princess'.

▲ Wer auf kräftige Farben steht, wird 'Maxima' lieben. Für ihre auffällige, pinkfarbene Zeichnung benötigt sie allerdings etwas mehr Licht als ihre grünen Pflanzenkolleginnen.

◄ Die schneckenförmigen Blätter der Sorte 'Escargot' haben den Blattbegonien allgemein wieder zu Popularität verholfen. Eine echte Augenweide.

Pflanzen im Miniaturformat

Sie sind kaum größer als eine Daumenlänge, und gerade das macht sie so unwiderstehlich: Topfpflanzen im Miniformat. Als Tischschmuck, als Geschenkidee oder einfach als kleine Aufmerksamkeit kommen die Winzlinge jetzt ganz groß raus. Also: Mini ist jetzt angesagt!

← In einer Ummantelung aus samtweichen *Stachys*-Blättern macht das **Bitterblatt** die Minimode mit.

→ Als eine der größten Blüten bekannt, steht der **Sonnenblume** im Grasmäntelchen ihr bescheidenes Format gut zu Gesicht.

↑ Minimale Größe, maximale Wirkung. Eine peppige Drahtmanschette verhilft dem **Flammenden Käthchen** zu seinem großen Auftritt.

← Mit Filzband und Dekofigur geschmückt, erscheint die kleine **Rose** im aktuellen Zwergenlook.

Mini-Auswahl

Immer mehr Topfpflanzen sind jetzt im niedlichen Miniaturformat erhältlich:

✿ Rose ✿ Sonnenblume ✿ Glockenblume ✿ Bubikopf ✿ Korallenmoos ✿ Gerbera ✿ Usambaraveilchen ✿ Efeu ✿ Flammendes Käthchen ✿ Alpenveilchen ✿ Azalee ✿ Fittonie ✿ Farn ✿ Primel ✿ Aster ✿ Hortensie

Topf-Pflanzen
ganz in Weiss

Auf der Beliebtheitsskala der Farben steht sie ganz weit oben: die Farbe Weiß – obwohl sie eigentlich gar keine Farbe ist. Sie erfüllt unser Bedürfnis nach Klarheit und Gelassenheit mehr als jedes andere Kolorit. Auch als Topfpflanze mit weißen Blüten oder weiß panaschiertem Laub hält die wunderbare Nicht-Farbe jetzt Einzug in unsere Wohnwelten.

Pflanzen fürs aktuelle Weiß-Thema:
Margeriten, Glockenblumen, Hortensien, Azaleen, Alpen- und Usambaraveilchen, Topfrosen, Gardenien, Wachsblumen, Milchstern, Kissenastern, Hibiskus, Jasmin, *Spathiphyllum*, Schicksalsblumen, Fetthennen, Kaladien, Echeverien, Mosaikpflänzchen, Stromanthen, Kletterfeigen, Bogenhanf, Lanzenrosetten

Ob als Mitbringsel oder für die eigene Fensterbank: Auf die originelle Idee kommt es an! Die witzigen weißen „Übertopftüten" stammen aus dem Bürobedarf.

Eingetopft im Doppelpack. Stellen Sie die weißen Blüher möglichst gleich in kleinen Grüppchen auf, das verstärkt den weißen Eindruck zusätzlich.

Grau-weiß gestreift und groß und klein gemischt. Dieses Topfpflanzen-Ensemble lebt von der Abwechslung. Doch eines ist allen gemein: natürlich die Farbe Weiß.

LEBEN IM GRÜNEN

Oft kommen sie aus fernen Ländern, tragen klangvolle Namen, uriges Blattwerk oder elegante Blüten. Die einen sind hochgewachsen, manche gedrungen, einige anspruchsvoll, andere genügsam in ihrer Pflege. In jedem Fall aber sind Zimmerpflanzen eine große Bereicherung für unsere modernen Wohnwelten.

Oben: Ein moderner Klassiker unter den Orchideen. Die wunderbaren Blüten zieren die ***Cymbidie*** über Monate. An einem hellen Platz fühlt sich die Pflanze wohl, auf Zugluft dagegen reagiert sie oft empfindlich.

Links: Die bizarren grau-grünen Blätter des Geweihfarnes, botanisch ***Platycerium,*** passen gut zum angesagten Stil der Seventies. Die Pflanze mit zwei verschiedenen Blattformen liebt es hell bis halbschattig und bevorzugt kalkarmes und zimmerwarmes Gießwasser.

Linke Seite: Dieser stattliche Baumfarn, botanisch ***Dicksonia,*** wächst durchschnittlich im Jahr nicht mehr als fünf Zentimeter. Die Pflanze benötigt einen halbschattigen bis schattigen Standort und darf niemals austrocknen.

Oben: Lange, verästelte Triebe, die struppig zu Berge stehen, sind das Erkennungsmerkmal von ***Rhipsalis cassutha.*** Auf einem erhöhten Stellplatz kommt die ansehnliche Pracht des Binsenkaktus' am besten zur Geltung.

Unten: Ganz schön lässig – ein Zimmerbaum im Fransenlook ist ***Ficus binnendijkii,*** der zu den Gummibaumgewächsen zählt. Er liebt es hell, aber nicht vollsonnig und ist vor allem bei trockener Heizungsluft für gelegentliches Übersprühen mit Wasser dankbar.

PFLANZEN

UNSERE GRÜNE LUNGE

Staub, Nikotin, schädliche Stoffe in der Luft? Da müssen viele große grüne Pflanzen her. Längst ist wissenschaftlich erwiesen, dass Grünpflanzen die Fähigkeit besitzen, die Konzentration schädlicher Emissionen in geschlossenen Räumen zu senken. Dabei sind es nicht nur die Blätter, die sich der Stoffe annehmen, sondern das gesamte System Pflanze: Wurzeln, Pflanzsubstrat und Blätter sind Tag und Nacht als lebender Luftfilter tätig. Und die Folge davon: Menschen fühlen sich in der Umgebung von Pflanzen gleich viel wohler. Ob Birkenfeige, Drachenbaum oder Bergpalme – mit ihren interessanten Blattformen und -zeichnungen sind sie auch fürs Auge eine Wohltat und verleihen Räumen neue Lebensqualität.

Fotos: HYGRENO

TIPP

Grünpflanzen mit glatter Blattoberfläche können von Zeit zu Zeit mit Bier abgerieben werden, das erzeugt einen besonderen Blattglanz ganz ohne Chemie. Bei wem es schneller gehen soll, der kann dafür auch ein im Handel erhältliches Blattglanzspray verwenden.

Grün im Wohnbereich: Der große Drachenbaum bildet ein Pflanzensemble mit *Sygonium* und einer niedrigeren Bergpalme.
Oben rechts: Der Elefantenfuß wirkt am besten als Solitär.

Grünpflanzen in Hydrokultur sind eine pflegeleichte Alternative für Menschen, die sich nicht regelmäßig um die Wasserversorgung ihrer grünen Riesen kümmern können. Dabei sind die Wurzeln der Pflanzen fest von kleinen Tonkügelchen umgeben. Ein ausgeklügeltes Topf-in-Topf-System mit Wasserstandsanzeiger ermöglicht ein ausreichendes Reservoir für das nährende Nass.

Denken Sie daran: Nicht nur Bücherregale, sondern auch Pflanzen sollten öfter mal entstaubt werden. Nur so ist eine gleichmäßige und lebensnotwendige Lichtzufuhr gewährleistet.

Bei Pflanzen mit glatter Blattoberfläche können die Blätter zum Säubern mit einem feuchten Tuch vorsichtig abgerieben werden. Achtung allerdings bei Grünpflanzen mit flauschigen oder „behaarten" Blättern. Die kleinen Härchen sind der natürliche Sonnenschutz der Pflanze und sollten auf keinen Fall beschädigt werden.

Einige Grünpflanzen, wie z. B. Farne, sind aus ihrer ursprünglichen Pflanzumgebung höhere Luftfeuchtigkeit gewohnt. Durch gelegentliches Besprühen mit Wasser können sie diese auch in unseren geheizten Wohnräumen erhalten.

Der kleinblättrige Ranker *Muehlenbeckia* ist ein echter Hingucker, der nicht viel Platz benötigt. Usambaraveilchen, *Kentia*-Palme und Bubiköpfchen bilden dagegen ein freundliches Trio, wenn etwas mehr Raum zur Verfügung steht.

Grün am Arbeits

Pflanzen im Büro bewirken viel Gutes: Sie erhöhen die Luftfeuchtigkeit, schlucken Schadstoffe wie Nikotin und Formaldehyd und produzieren den lebenswichtigen Sauerstoff. Und: Selbst die kleinste Pflanze sorgt für ein lebendiges und inspirierendes Ambiente, aus dem sich Kräfte schöpfen lassen.

platz

Aufstrebendes Zypergras in hohen, schlanken Gefäßen. Da findet sogar ein Duo ausreichend Platz auf dem Schreibtisch.

Efeu bevorzugt keine direkte Sonneneinstrahlung. Ein Regal, von dem seine Ranken abfließen können, wäre ein idealer Platz.

Eine ausgefallene und auffällige Erscheinung: Wachsbart, eine pflegeleichte Pflanze mit sukkulentem Charakter.

Pflanzen im Bad sind leider noch immer eine Ausnahmeerscheinung. Dabei geben sie diesem häufig genutzten Raum nicht nur ein neues Aussehen, sondern machen aus ihm einen Ort des Wohlfühlens und der Entspannung. Im Nu wird schon mit Hilfe von wenigen Pflanzen aus einer schlichten Nasszelle eine sinnliche Wellness-Oase. Ganz einfach und unkompliziert. Denn gerade im feucht-warmen Bad finden Grünpflanzen die klimatischen Bedingungen, die sie aus ihrer ursprünglichen Heimat sind.

GRÜN IM BAD

1 Der Kletterfarn *Lygopodium* ist eine relativ neue Züchtung und ein wahrer Schnellwachser. Er verwandelt nüchterne Badezimmer schnell in grüne Oasen.

2 Der Nestfarn *(Asplenium nidus)* stammt ursprünglich aus den Regenwäldern Afrikas, Asiens und Australiens, wo er als Epiphyt in den Baumkronen wächst. Die hellgrün glänzenden, leicht welligen Blätter bilden eine trichterförmige Rosette, in der Nährstoffe gesammelt werden.

2 Vom Schwertfarn *(Nephrolepis exaltata)* sind mehr als 35 Arten bekannt. Es gibt auch Sorten mit gedrehten oder gewellten Wedeln. Er liebt es feucht und hell, ohne direkte Sonneneinstrahlung.

4 Bambus in jeder Größe unterstreicht ein exotisches Ambiente. Besonders schön wirkt er, wenn seine grünen Triebe so beschnitten werden, dass ein hoher kahler Stamm entsteht.

5 Die Elefantenohrbegonien *(Begonia venosa)* machen ihrem Namen alle Ehre und faszinieren mit ihren samtigen Blattoberflächen. Am besten wirken sie im Duo, dann aber mit gleichartigen und formschönen Töpfen.

6 Ein echter Hingucker! Die weiß blühende und duftende Kranzschlinge *(Stephanotis floribunda)* zeigt sich hier in einer außergewöhnlichen Inszenierung. Peddigrohrbögen bringen ihre Pflanzenschlingen in Kugelform.

7 Ein auffälliges Blatt! Einen attraktiven Blickpunkt bilden die beiden Buntwurz-Pflanzen *(Caladium bicolor)* mit ihren herzförmigen, weiß gezeichneten Blättern. Nicht nur am Badewannenrand.

Die Fetthenne (*Sedum nussbaumerianum*) will mit Vorsicht behandelt werden, da ihre Blätter sehr leicht abbrechen. Der Geldbaum (*Crassula ovata*) ist schier unverwüstlich und wird selbst bei wenig Pflege uralt.

Sukkulenten

Ihre Herkunft aus den trocken-heißen Regionen der Erde macht Sukkulenten zu ebenso robusten wie dekorativen Zimmerpflanzen.

Die Madagaskarpalme (*Pachypodium lamerei*) ist mit ihrem wasserspeichernden, stacheligen Stamm gut gegen „Wasserdiebe" geschützt.

Dort, wo sie herkommen, ist Wasser Mangelware. Sonne und hohe Temperaturen gibt es dagegen im Überfluss. Um diesen unwirtlichen Lebensbedingungen standzuhalten, haben Sukkulenten ein ausgeklügeltes System entwickelt. Sie sind mit besonderen Speichergeweben ausgestattet, in denen Wasser für längere Dürrezeiten gesammelt werden kann. Damit diese Vorräte nicht vorzeitig verdunsten, sind ihre Oberhautzellen meist stark verdickt und zusätzlich mit einer wachsartigen Schicht ➤

Die Bleistiftswolfsmilch *(Euphorbia tirucalli)* hat nur wenige, winzige Blätter, stattdessen aber einen umso verzweigteren Stamm, der sowohl Photosynthese, als auch Wasserspeicherung übernimmt.

Agaven und Harworthien sind für den Laien kaum zu unterscheiden. Beide werden sehr alt, bevor sie zum ersten Mal blühen. Die Blattformationen des Rosettenbäumchens (*Aeonium arboreum*) wirken fast wie Blumen. Die tatsächlichen Blüten sind dagegen eher unauffällig.

➤ oder weißfilzigen, wolligen Haaren überzogen. Entsprechend der Lage der wasserspeichernden Gewebe werden die Pflanzen in Blatt-, Stamm- und Wurzelsukkulenten eingeteilt. Alle eignen sich gut als Zimmerpflanzen, denen trockene Heizungsluft ebenso wenig ausmacht, wie gelegentliche Durststrecken.

Herausgeber
BLOOM's GmbH

Redaktion (vwtl.)
Hella Henckel

Text und Redaktion
Karen Meier-Ebert
Sabine Kelp

Floristische Leitung
Klaus Wagener

Floristik und Styling
Team 'profil floral'

Fotos
Patrick Pantze – Werbefotografie GmbH, Lage

Weitere Fotos
S. 30: Marimekko, S. 31: LSA, S. 138: Papageien: Keimzeit, S. 185 o.: Point à la Ligne, S. 194/195: Stars for Europe, S. 207 r. u.: Villeroy & Boch, S. 258: Brautmode: Braut & Bräutigam, S. 260/261: Marion Muck Mode, S. 262/263: Brautmoden: Pronuptia, S. 278/279: BBH, S. 280/281: Gregg

Grafik Design
Silke Cremer, Marion Hennig, Sonja Höhn, Uwe Lux, Daniela Redlich, Silvia Weichert

DTP
Britta Baschen

Illustration
Uwe Lux

Wollgrasweg 41, 70599 Stuttgart (Hohenheim)
E-Mail: info@ulmer.de
www.ulmer.de
1. Auflage 2006

ISBN-10 3-8001-5185-5
ISBN-13 978-3-8001-5185-1